THE WHOLE YOU
PLANNER

ORGANIZE YOUR LIFE + CARE FOR YOUR SOUL

GINA SCHADE

ISBN: 9780578368894

This book is for entertainment purposes only. The information presented in this book is not meant to substitute for the advice of medical or mental health professionals. You are advised to consult with medical or mental health professionals regarding your health and well-being.

Written and published by: Gina Schade
Graphic Design: Brittany Jaso
Editor: Sue Bollero Stack
Printed by: Ingramspark

Connect with Gina:
www.ginaschade.com
Podcast: The Whole You Podcast
Instagram: @ginaschade
Facebook: Gina Schade

Hey, friend! Thank you for choosing this planner. ♡

If you're ready to organize your life and care for your soul, you're in the right place.

Before you dive in, I'd like to introduce you to my core belief about humans:

We are body and soul, not one or the other, but both together.

It's the fusion of body + soul that makes us whole.

And here's what I've come to understand ⟶

The world constantly encourages the "body" part of us to do and be more. We often feel like we're spinning our wheels. We believe the lie that if we could just check one more thing off the list or hit that next achievement, we'll be worthy.

On the other hand, the world doesn't often encourage us to focus on the "soul" part of ourselves. There is no external reward for pausing to reflect or self-connect.

Therefore, we don't always push, advocate, or prioritize time for "soul care" in the same way we would for worldly achievements.

I believe this imbalance of "body" to "soul" focus is what leaves many of us feeling tired, overwhelmed, and unfulfilled.

But I've come to learn a better way and that's what the pages in this planner will reveal.

The Whole You Planner will help you put the same intention, time, and focus on your soul as you do your daily tasks and commitments. This will allow you to live a more spiritually integrated life.

As you spend time each day in gratitude, prayer, and positive affirmations, you will begin to feel renewed and refreshed.

The strategies in this planner have taken me from feeling overwhelmed and scattered to having a sense of organization, peace, contentment, and fulfillment...

I know they can do the same for you!

Xo,
Gina

ABOUT

This planner has three components to it: monthly calendars, weekly calendars, and daily journal prompts.

You'll find the monthly calendars first, followed by weekly calendars and daily journal prompts. The intention is that each day you'll spend time in the weekly calendar and daily journal prompts.

You'll likely feel most comfortable using the monthly and weekly calendars, but the real "work" of soul care is done in the daily journal prompts. **If you do nothing else, spend time there each day.**

CUSTOMIZATION

The dates of this planner are customizable allowing you to pick it up and begin any month of the year. **There is no better time than the present moment to begin living a more integrated life.**

TOP 3

You know those to-do lists that are a mile long? Let's nix those. Instead, I want you to think about the three most important things you need to get done each day. That's what you'll write in the "Top 3" section. **Laser focusing on these things will help you keep the needle moving forward in life without wasting time on the fluff.**

MY DAY

This is your space to help you outline tasks, errands, meetings, or commitments that must be completed.

GRATITUDE

Gratitude is a positive emotion that involves being thankful and appreciative in all circumstances. Having a daily gratitude practice has many physical and emotional benefits.

In the gratitude box, you'll write down three unique things that you're grateful for each day. **The more unique and specific you are, the more you'll conjure up all of the good feelings that come with a gratitude practice.**

For example, say you list "my friends" as one of your three gratitudes.

Try to push yourself a step further and list what it is you love about your friends or a unique experience you had with them that brought you joy. Something like, "I'm so thankful for my friends because I leave time with them feeling uplifted and energized." See how that feels just a little different than simply listing "my friends"?

PRAYER + INTENTIONS

This is your space to talk to God, pray, or set intentions for your life. There is no right or wrong way to do this and you can use the space differently each day.

Here are some questions to help you get started: What do I want to say to God? Who in my life is in need of my prayers? Do I need direction for something specific in my life?

AFFIRMATIONS

An affirmation is a tool used to encourage positive thinking and self-empowerment.

Have you ever noticed that it's much easier to talk down to yourself rather than build yourself up?

That's part of the human brain's negative bias. We give more meaning, importance, and attention to negative experiences and thoughts compared to positive ones. Thinking, speaking, and acting positive really can be an uphill battle.

I recommend beginning by paying attention to the negative thoughts you have about yourself and trying to flip them into positive ones.

Some examples of positive affirmation statements: I am confident. I am love. I am light. I am courageous. Everything is possible.

PRACTICE over PERFECTION

Don't let the planning strategies or journal prompts overwhelm you! There are no right or wrong answers and the real growth is done by "practicing" these daily. The only way to fail is to not try.

MONTH

SUNDAY	MONDAY	TUESDAY	WEDNESDAY

_____

YEAR

THURSDAY	FRIDAY	SATURDAY

Notes

_____

MONTH

SUNDAY	MONDAY	TUESDAY	WEDNESDAY

_____

YEAR

THURSDAY	FRIDAY	SATURDAY

Notes

MONTH

SUNDAY	MONDAY	TUESDAY	WEDNESDAY

_____

YEAR

THURSDAY	FRIDAY	SATURDAY

Notes

MONTH

SUNDAY	MONDAY	TUESDAY	WEDNESDAY

YEAR

THURSDAY	FRIDAY	SATURDAY

Notes

MONTH

SUNDAY	MONDAY	TUESDAY	WEDNESDAY

_____

YEAR

THURSDAY	FRIDAY	SATURDAY

Notes

MONTH

SUNDAY	MONDAY	TUESDAY	WEDNESDAY

YEAR

THURSDAY	FRIDAY	SATURDAY

Notes

MONTH

SUNDAY	MONDAY	TUESDAY	WEDNESDAY

_____

YEAR

THURSDAY	FRIDAY	SATURDAY

Notes

MONTH

SUNDAY	MONDAY	TUESDAY	WEDNESDAY

YEAR

THURSDAY	FRIDAY	SATURDAY

Notes

MONTH

SUNDAY	MONDAY	TUESDAY	WEDNESDAY

THURSDAY	FRIDAY	SATURDAY

Notes

SUNDAY	MONDAY	TUESDAY	WEDNESDAY

THURSDAY	FRIDAY	SATURDAY

Notes

MONTH

SUNDAY	MONDAY	TUESDAY	WEDNESDAY

_____

YEAR

THURSDAY	FRIDAY	SATURDAY

Notes

_____

MONTH

SUNDAY	MONDAY	TUESDAY	WEDNESDAY

_____

YEAR

THURSDAY	FRIDAY	SATURDAY

Notes

Week of _____

MONDAY

TOP 3	MY DAY
•	☼
•	
•	☀
	☾

TUESDAY

TOP 3	MY DAY
•	☼
•	
•	☀
	☾

WEDNESDAY

TOP 3	MY DAY
•	☼
•	
•	☀
	☾

THURSDAY

TOP 3

-
-
-

MY DAY

☀ (sunrise)

☀ (sun)

☾ (moon)

FRIDAY

TOP 3

-
-
-

MY DAY

☀ (sunrise)

☀ (sun)

☾ (moon)

SATURDAY

MY DAY

☀ (sunrise)

☀ (sun)

☾ (moon)

SUNDAY

MY DAY

☀ (sunrise)

☀ (sun)

☾ (moon)

MONDAY

GRATITUDE

-
-
-

PRAYERS + INTENTIONS ♡

_____
_____
_____
_____
_____

AFFIRMATIONS

1 _____
2 _____
3 _____

TUESDAY

GRATITUDE

-
-
-

PRAYERS + INTENTIONS ♡

_____
_____
_____
_____
_____

AFFIRMATIONS

1 _____
2 _____
3 _____

WEDNESDAY

GRATITUDE

-
-
-

PRAYERS + INTENTIONS ♡

_____
_____
_____
_____
_____

AFFIRMATIONS

1 _____
2 _____
3 _____

THURSDAY

GRATITUDE

-
-
-

PRAYERS + INTENTIONS ♡

_____
_____
_____
_____
_____

AFFIRMATIONS

1 _____
2 _____
3 _____

FRIDAY

GRATITUDE

-
-
-

PRAYERS + INTENTIONS ♡

_____
_____
_____
_____
_____

AFFIRMATIONS

1 _____
2 _____
3 _____

SATURDAY

GRATITUDE

-
-
-

PRAYERS + INTENTIONS ♡

_____
_____
_____
_____
_____

AFFIRMATIONS

1 _____
2 _____
3 _____

SUNDAY

GRATITUDE

-
-
-

PRAYERS + INTENTIONS ♡

_____
_____
_____
_____
_____

AFFIRMATIONS

1 _____
2 _____
3 _____

Notes

Week of _____

MONDAY

TOP 3

-
-
-

MY DAY

☀ _____

☼ _____

☾ _____

TUESDAY

TOP 3

-
-
-

MY DAY

☀ _____

☼ _____

☾ _____

WEDNESDAY

TOP 3

-
-
-

MY DAY

☀ _____

☼ _____

☾ _____

THURSDAY

TOP 3

-
-
-

MY DAY

🌅

☀️

🌙

FRIDAY

TOP 3

-
-
-

MY DAY

🌅

☀️

🌙

SATURDAY

MY DAY

🌅

☀️

🌙

SUNDAY

MY DAY

🌅

☀️

🌙

MONDAY

GRATITUDE

-
-
-

PRAYERS + INTENTIONS ♡

_____
_____
_____
_____
_____

AFFIRMATIONS

1 _____
2 _____
3 _____

TUESDAY

GRATITUDE

-
-
-

PRAYERS + INTENTIONS ♡

_____
_____
_____
_____
_____

AFFIRMATIONS

1 _____
2 _____
3 _____

WEDNESDAY

GRATITUDE

-
-
-

PRAYERS + INTENTIONS ♡

_____
_____
_____
_____
_____

AFFIRMATIONS

1 _____
2 _____
3 _____

THURSDAY

GRATITUDE

-
-
-

PRAYERS + INTENTIONS ♡

_____
_____
_____
_____
_____

AFFIRMATIONS

1 _____
2 _____
3 _____

FRIDAY

GRATITUDE

-
-
-

PRAYERS + INTENTIONS ♡

_____
_____
_____
_____
_____

AFFIRMATIONS

1 _____
2 _____
3 _____

SATURDAY

GRATITUDE

-
-
-

PRAYERS + INTENTIONS ♡

_____
_____
_____
_____
_____

AFFIRMATIONS

1 _____
2 _____
3 _____

SUNDAY

GRATITUDE

-
-
-

PRAYERS + INTENTIONS ♡

_____
_____
_____
_____
_____

AFFIRMATIONS

1 _____
2 _____
3 _____

Notes

Week of _____

MONDAY

TOP 3

-
-
-

MY DAY

☼ _____

☼ _____

☾

_____

TUESDAY

TOP 3

-
-
-

MY DAY

☼ _____

☼ _____

☾

_____

WEDNESDAY

TOP 3

-
-
-

MY DAY

☼ _____

☼ _____

☾

_____

THURSDAY

TOP 3

-
-
-

MY DAY

☼

☀

☾

FRIDAY

TOP 3

-
-
-

MY DAY

☼

☀

☾

SATURDAY

MY DAY

☼

☀

☾

SUNDAY

MY DAY

☼

☀

☾

MONDAY

GRATITUDE

-
-
-

PRAYERS + INTENTIONS ♡

_____

_____

_____

_____

_____

AFFIRMATIONS

1 _____

2 _____

3 _____

TUESDAY

GRATITUDE

-
-
-

PRAYERS + INTENTIONS ♡

_____

_____

_____

_____

_____

AFFIRMATIONS

1 _____

2 _____

3 _____

WEDNESDAY

GRATITUDE

-
-
-

PRAYERS + INTENTIONS ♡

_____

_____

_____

_____

_____

AFFIRMATIONS

1 _____

2 _____

3 _____

THURSDAY

GRATITUDE

-
-
-

PRAYERS + INTENTIONS ♡

_____

_____

_____

_____

_____

AFFIRMATIONS

1 _____

2 _____

3 _____

FRIDAY

GRATITUDE

-
-
-

PRAYERS + INTENTIONS ♡

_____
_____
_____
_____
_____

AFFIRMATIONS

1 _____
2 _____
3 _____

SATURDAY

GRATITUDE

-
-
-

PRAYERS + INTENTIONS ♡

_____
_____
_____
_____
_____

AFFIRMATIONS

1 _____
2 _____
3 _____

SUNDAY

GRATITUDE

-
-
-

PRAYERS + INTENTIONS ♡

_____
_____
_____
_____
_____

AFFIRMATIONS

1 _____
2 _____
3 _____

Notes

Week of _____

MONDAY

TOP 3

-
-
-

MY DAY

☀ _____
_____

☀ _____
_____

☾ _____
_____

TUESDAY

TOP 3

-
-
-

MY DAY

☀ _____
_____

☀ _____
_____

☾ _____
_____

WEDNESDAY

TOP 3

-
-
-

MY DAY

☀ _____
_____

☀ _____
_____

☾ _____
_____

THURSDAY

TOP 3

-
-
-

MY DAY

☀ (sunrise)

☀ (sun)

🌙 (moon)

FRIDAY

TOP 3

-
-
-

MY DAY

☀ (sunrise)

☀ (sun)

🌙 (moon)

SATURDAY

MY DAY

☀ (sunrise)

☀ (sun)

🌙 (moon)

SUNDAY

MY DAY

☀ (sunrise)

☀ (sun)

🌙 (moon)

MONDAY

GRATITUDE

-
-
-

PRARYERS + INTENTIONS ♡

_____
_____
_____
_____
_____

AFFIRMATIONS

1 _____
2 _____
3 _____

TUESDAY

GRATITUDE

-
-
-

PRARYERS + INTENTIONS ♡

_____
_____
_____
_____
_____

AFFIRMATIONS

1 _____
2 _____
3 _____

WEDNESDAY

GRATITUDE

-
-
-

PRARYERS + INTENTIONS ♡

_____
_____
_____
_____
_____

AFFIRMATIONS

1 _____
2 _____
3 _____

THURSDAY

GRATITUDE

-
-
-

PRARYERS + INTENTIONS ♡

_____
_____
_____
_____
_____

AFFIRMATIONS

1 _____
2 _____
3 _____

FRIDAY

GRATITUDE

-
-
-

PRAYERS + INTENTIONS ♡

_____
_____
_____
_____
_____

AFFIRMATIONS

1 _____
2 _____
3 _____

SATURDAY

GRATITUDE

-
-
-

PRAYERS + INTENTIONS ♡

_____
_____
_____
_____

AFFIRMATIONS

1 _____
2 _____
3 _____

SUNDAY

GRATITUDE

-
-
-

PRAYERS + INTENTIONS ♡

_____
_____
_____
_____
_____

AFFIRMATIONS

1 _____
2 _____
3 _____

Notes

Week of _____

MONDAY

TOP 3
-
-
-

MY DAY

☀ _____
_____

☀ _____
_____

☾ _____
_____

TUESDAY

TOP 3
-
-
-

MY DAY

☀ _____
_____

☀ _____
_____

☾ _____
_____

WEDNESDAY

TOP 3
-
-
-

MY DAY

☀ _____
_____

☀ _____
_____

☾ _____
_____

THURSDAY

TOP 3

-
-
-

MY DAY

☀

☀

☾

FRIDAY

TOP 3

-
-
-

MY DAY

☀

☀

☾

SATURDAY

MY DAY

☀

☀

☾

SUNDAY

MY DAY

☀

☀

☾

MONDAY

GRATITUDE

-
-
-

PRAYERS + INTENTIONS ♡

_____
_____
_____
_____
_____

AFFIRMATIONS

1 _____
2 _____
3 _____

TUESDAY

GRATITUDE

-
-
-

PRAYERS + INTENTIONS ♡

_____
_____
_____
_____
_____

AFFIRMATIONS

1 _____
2 _____
3 _____

WEDNESDAY

GRATITUDE

-
-
-

PRAYERS + INTENTIONS ♡

_____
_____
_____
_____
_____

AFFIRMATIONS

1 _____
2 _____
3 _____

THURSDAY

GRATITUDE

-
-
-

PRAYERS + INTENTIONS ♡

_____
_____
_____
_____
_____

AFFIRMATIONS

1 _____
2 _____
3 _____

FRIDAY

GRATITUDE

-
-
-

PRAYERS + INTENTIONS ♡

_____
_____
_____
_____
_____

AFFIRMATIONS

1 _____
2 _____
3 _____

SATURDAY

GRATITUDE

-
-
-

PRAYERS + INTENTIONS ♡

_____
_____
_____
_____
_____

AFFIRMATIONS

1 _____
2 _____
3 _____

SUNDAY

GRATITUDE

-
-
-

PRAYERS + INTENTIONS ♡

_____
_____
_____
_____
_____

AFFIRMATIONS

1 _____
2 _____
3 _____

Notes

Week of _____

MONDAY

TOP 3

-
-
-

MY DAY

☼

☼

☾

TUESDAY

TOP 3

-
-
-

MY DAY

☼

☼

☾

WEDNESDAY

TOP 3

-
-
-

MY DAY

☼

☼

☾

THURSDAY

TOP 3

-
-
-

MY DAY

FRIDAY

TOP 3

-
-
-

MY DAY

SATURDAY

MY DAY

SUNDAY

MY DAY

MONDAY

GRATITUDE

-
-
-

PRAYERS + INTENTIONS ♡

_____
_____
_____
_____
_____

AFFIRMATIONS

1 _____
2 _____
3 _____

TUESDAY

GRATITUDE

-
-
-

PRAYERS + INTENTIONS ♡

_____
_____
_____
_____
_____

AFFIRMATIONS

1 _____
2 _____
3 _____

WEDNESDAY

GRATITUDE

-
-
-

PRAYERS + INTENTIONS ♡

_____
_____
_____
_____
_____

AFFIRMATIONS

1 _____
2 _____
3 _____

THURSDAY

GRATITUDE

-
-
-

PRAYERS + INTENTIONS ♡

_____
_____
_____
_____
_____

AFFIRMATIONS

1 _____
2 _____
3 _____

FRIDAY

GRATITUDE

-
-
-

PRAYERS + INTENTIONS ♡

_____
_____
_____
_____
_____

AFFIRMATIONS

1 _____
2 _____
3 _____

SATURDAY

GRATITUDE

-
-
-

PRAYERS + INTENTIONS ♡

_____
_____
_____
_____
_____

AFFIRMATIONS

1 _____
2 _____
3 _____

SUNDAY

GRATITUDE

-
-
-

PRAYERS + INTENTIONS ♡

_____
_____
_____
_____
_____

AFFIRMATIONS

1 _____
2 _____
3 _____

Notes

Week of _____

MONDAY

TOP 3

-
-
-

MY DAY

☀ _____
_____

☀ _____

☾ _____
_____

TUESDAY

TOP 3

-
-
-

MY DAY

☀ _____
_____

☀ _____

☾ _____
_____

WEDNESDAY

TOP 3

-
-
-

MY DAY

☀ _____
_____

☀ _____

☾ _____
_____

THURSDAY

TOP 3

-
-
-

MY DAY

☀ (sunrise)

☼ (sun)

☾ (moon)

FRIDAY

TOP 3

-
-
-

MY DAY

☀ (sunrise)

☼ (sun)

☾ (moon)

SATURDAY

MY DAY

☀ (sunrise)

☼ (sun)

☾ (moon)

SUNDAY

MY DAY

☀ (sunrise)

☼ (sun)

☾ (moon)

MONDAY

GRATITUDE

-
-
-

PRAYERS + INTENTIONS ♡

_____
_____
_____
_____
_____

AFFIRMATIONS

1 _____
2 _____
3 _____

TUESDAY

GRATITUDE

-
-
-

PRAYERS + INTENTIONS ♡

_____
_____
_____
_____
_____

AFFIRMATIONS

1 _____
2 _____
3 _____

WEDNESDAY

GRATITUDE

-
-
-

PRAYERS + INTENTIONS ♡

_____
_____
_____
_____
_____

AFFIRMATIONS

1 _____
2 _____
3 _____

THURSDAY

GRATITUDE

-
-
-

PRAYERS + INTENTIONS ♡

_____
_____
_____
_____
_____

AFFIRMATIONS

1 _____
2 _____
3 _____

FRIDAY

GRATITUDE

-
-
-

PRAYERS + INTENTIONS ♡

_____
_____
_____
_____
_____

AFFIRMATIONS

1 _____
2 _____
3 _____

SATURDAY

GRATITUDE

-
-
-

PRAYERS + INTENTIONS ♡

_____
_____
_____
_____
_____

AFFIRMATIONS

1 _____
2 _____
3 _____

SUNDAY

GRATITUDE

-
-
-

PRAYERS + INTENTIONS ♡

_____
_____
_____
_____
_____

AFFIRMATIONS

1 _____
2 _____
3 _____

Notes

Week of _____

MONDAY

TOP 3

-
-
-

MY DAY

☼

☀

☾

TUESDAY

TOP 3

-
-
-

MY DAY

☼

☀

☾

WEDNESDAY

TOP 3

-
-
-

MY DAY

☼

☀

☾

THURSDAY

TOP 3

-
-
-

MY DAY

☀

☀

☾

FRIDAY

TOP 3

-
-
-

MY DAY

☀

☀

☾

SATURDAY

MY DAY

☀

☀

☾

SUNDAY

MY DAY

☀

☀

☾

MONDAY

GRATITUDE

-
-
-

PRAYERS + INTENTIONS ♡

_____
_____
_____
_____
_____

AFFIRMATIONS

1 _____
2 _____
3 _____

TUESDAY

GRATITUDE

-
-
-

PRAYERS + INTENTIONS ♡

_____
_____
_____
_____
_____

AFFIRMATIONS

1 _____
2 _____
3 _____

WEDNESDAY

GRATITUDE

-
-
-

PRAYERS + INTENTIONS ♡

_____
_____
_____
_____
_____

AFFIRMATIONS

1 _____
2 _____
3 _____

THURSDAY

GRATITUDE

-
-
-

PRAYERS + INTENTIONS ♡

_____
_____
_____
_____
_____

AFFIRMATIONS

1 _____
2 _____
3 _____

FRIDAY

GRATITUDE

-
-
-

PRAYERS + INTENTIONS ♡

_____
_____
_____
_____
_____

AFFIRMATIONS

1 _____
2 _____
3 _____

SATURDAY

GRATITUDE

-
-
-

PRAYERS + INTENTIONS ♡

_____
_____
_____
_____
_____

AFFIRMATIONS

1 _____
2 _____
3 _____

SUNDAY

GRATITUDE

-
-
-

PRAYERS + INTENTIONS ♡

_____
_____
_____
_____
_____

AFFIRMATIONS

1 _____
2 _____
3 _____

Notes

Week of _____

MONDAY

TOP 3

-
-
-

MY DAY

☀ _____
_____

☀ _____
_____

☾ _____
_____

TUESDAY

TOP 3

-
-
-

MY DAY

☀ _____
_____

☀ _____
_____

☾ _____
_____

WEDNESDAY

TOP 3

-
-
-

MY DAY

☀ _____
_____

☀ _____
_____

☾ _____
_____

THURSDAY

TOP 3

-
-
-

MY DAY

☀

☀

☾

FRIDAY

TOP 3

-
-
-

MY DAY

☀

☀

☾

SATURDAY

MY DAY

☀

☀

☾

SUNDAY

MY DAY

☀

☀

☾

MONDAY

GRATITUDE

-
-
-

PRAYERS + INTENTIONS ♡

_____
_____
_____
_____
_____

AFFIRMATIONS

1 _____
2 _____
3 _____

TUESDAY

GRATITUDE

-
-
-

PRAYERS + INTENTIONS ♡

_____
_____
_____
_____
_____

AFFIRMATIONS

1 _____
2 _____
3 _____

WEDNESDAY

GRATITUDE

-
-
-

PRAYERS + INTENTIONS ♡

_____
_____
_____
_____
_____

AFFIRMATIONS

1 _____
2 _____
3 _____

THURSDAY

GRATITUDE

-
-
-

PRAYERS + INTENTIONS ♡

_____
_____
_____
_____
_____

AFFIRMATIONS

1 _____
2 _____
3 _____

FRIDAY

GRATITUDE

-
-
-

PRAYERS + INTENTIONS ♡

_____
_____
_____
_____

AFFIRMATIONS

1 _____
2 _____
3 _____

SATURDAY

GRATITUDE

-
-
-

PRAYERS + INTENTIONS ♡

_____
_____
_____
_____

AFFIRMATIONS

1 _____
2 _____
3 _____

SUNDAY

GRATITUDE

-
-
-

PRAYERS + INTENTIONS ♡

_____
_____
_____
_____

AFFIRMATIONS

1 _____
2 _____
3 _____

Notes

Week of _____

MONDAY

TOP 3

-
-
-

MY DAY

☀ (sunrise)

☀ (sun)

☾ (moon)

TUESDAY

TOP 3

-
-
-

MY DAY

☀ (sunrise)

☀ (sun)

☾ (moon)

WEDNESDAY

TOP 3

-
-
-

MY DAY

☀ (sunrise)

☀ (sun)

☾ (moon)

THURSDAY

T O P 3

-
-
-

MY DAY

☀

☀

☾

FRIDAY

T O P 3

-
-
-

MY DAY

☀

☀

☾

SATURDAY

MY DAY

☀

☀

☾

SUNDAY

MY DAY

☀

☀

☾

MONDAY

GRATITUDE

-
-
-

PRAYERS + INTENTIONS ♡

_____
_____
_____
_____
_____

AFFIRMATIONS

1 _____
2 _____
3 _____

TUESDAY

GRATITUDE

-
-
-

PRAYERS + INTENTIONS ♡

_____
_____
_____
_____
_____

AFFIRMATIONS

1 _____
2 _____
3 _____

WEDNESDAY

GRATITUDE

-
-
-

PRAYERS + INTENTIONS ♡

_____
_____
_____
_____
_____

AFFIRMATIONS

1 _____
2 _____
3 _____

THURSDAY

GRATITUDE

-
-
-

PRAYERS + INTENTIONS ♡

_____
_____
_____
_____
_____

AFFIRMATIONS

1 _____
2 _____
3 _____

FRIDAY

GRATITUDE

-
-
-

PRAYERS + INTENTIONS ♡

_____
_____
_____
_____
_____

AFFIRMATIONS

1 _____
2 _____
3 _____

SATURDAY

GRATITUDE

-
-
-

PRAYERS + INTENTIONS ♡

_____
_____
_____
_____
_____

AFFIRMATIONS

1 _____
2 _____
3 _____

SUNDAY

GRATITUDE

-
-
-

PRAYERS + INTENTIONS ♡

_____
_____
_____
_____

AFFIRMATIONS

1 _____
2 _____
3 _____

Notes

Week of _____

MONDAY

TOP 3	MY DAY

-
-
-

☀ _____

☀ _____

🌙

TUESDAY

TOP 3	MY DAY

-
-
-

☀ _____

☀ _____

🌙

WEDNESDAY

TOP 3	MY DAY

-
-
-

☀ _____

☀ _____

🌙

THURSDAY

TOP 3

-
-
-

MY DAY

☀

☀

☾

FRIDAY

TOP 3

-
-
-

MY DAY

☀

☀

☾

SATURDAY

MY DAY

☀

☀

☾

SUNDAY

MY DAY

☀

☀

☾

MONDAY

GRATITUDE

-
-
-

PRAYERS + INTENTIONS ♡

_____
_____
_____
_____
_____

AFFIRMATIONS

1 _____
2 _____
3 _____

TUESDAY

GRATITUDE

-
-
-

PRAYERS + INTENTIONS ♡

_____
_____
_____
_____
_____

AFFIRMATIONS

1 _____
2 _____
3 _____

WEDNESDAY

GRATITUDE

-
-
-

PRAYERS + INTENTIONS ♡

_____
_____
_____
_____
_____

AFFIRMATIONS

1 _____
2 _____
3 _____

THURSDAY

GRATITUDE

-
-
-

PRAYERS + INTENTIONS ♡

_____
_____
_____
_____
_____

AFFIRMATIONS

1 _____
2 _____
3 _____

FRIDAY

GRATITUDE

-
-
-

PRAYERS + INTENTIONS ♡

_____
_____
_____
_____
_____

AFFIRMATIONS

1 _____
2 _____
3 _____

SATURDAY

GRATITUDE

-
-
-

PRAYERS + INTENTIONS ♡

_____
_____
_____
_____
_____

AFFIRMATIONS

1 _____
2 _____
3 _____

SUNDAY

GRATITUDE

-
-
-

PRAYERS + INTENTIONS ♡

_____
_____
_____
_____
_____

AFFIRMATIONS

1 _____
2 _____
3 _____

Notes

Week of _____

MONDAY

TOP 3
-
-
-

MY DAY

☼

☀

☾

TUESDAY

TOP 3
-
-
-

MY DAY

☼

☀

☾

WEDNESDAY

TOP 3
-
-
-

MY DAY

☼

☀

☾

THURSDAY

TOP 3

-
-
-

MY DAY

☀ (sunrise)

☀ (sun)

🌙 (moon)

FRIDAY

TOP 3

-
-
-

MY DAY

☀ (sunrise)

☀ (sun)

🌙 (moon)

SATURDAY

MY DAY

☀ (sunrise)

☀ (sun)

🌙 (moon)

SUNDAY

MY DAY

☀ (sunrise)

☀ (sun)

🌙 (moon)

MONDAY

GRATITUDE

-
-
-

PRAYERS + INTENTIONS ♡

_____
_____
_____
_____
_____

AFFIRMATIONS

1 _____
2 _____
3 _____

TUESDAY

GRATITUDE

-
-
-

PRAYERS + INTENTIONS ♡

_____
_____
_____
_____
_____

AFFIRMATIONS

1 _____
2 _____
3 _____

WEDNESDAY

GRATITUDE

-
-
-

PRAYERS + INTENTIONS ♡

_____
_____
_____
_____
_____

AFFIRMATIONS

1 _____
2 _____
3 _____

THURSDAY

GRATITUDE

-
-
-

PRAYERS + INTENTIONS ♡

_____
_____
_____
_____
_____

AFFIRMATIONS

1 _____
2 _____
3 _____

FRIDAY

GRATITUDE

-
-
-

PRAYERS + INTENTIONS ♡

_____
_____
_____
_____
_____

AFFIRMATIONS

1 _____
2 _____
3 _____

SATURDAY

GRATITUDE

-
-
-

PRAYERS + INTENTIONS ♡

_____
_____
_____
_____
_____

AFFIRMATIONS

1 _____
2 _____
3 _____

SUNDAY

GRATITUDE

-
-
-

PRAYERS + INTENTIONS ♡

_____
_____
_____
_____
_____

AFFIRMATIONS

1 _____
2 _____
3 _____

Notes

Week of _____

MONDAY

TOP 3	MY DAY
•	☼
•	
•	☀

☾

TUESDAY

TOP 3	MY DAY
•	☼
•	
•	☀

☾

WEDNESDAY

TOP 3	MY DAY
•	☼
•	
•	☀

☾

THURSDAY

TOP 3
-
-
-

MY DAY

☼

☀

☾

FRIDAY

TOP 3
-
-
-

MY DAY

☼

☀

☾

SATURDAY

MY DAY

☼

☀

☾

SUNDAY

MY DAY

☼

☀

☾

MONDAY

GRATITUDE

-
-
-

PRAYERS + INTENTIONS ♡

_____
_____
_____
_____
_____

AFFIRMATIONS

1 _____
2 _____
3 _____

TUESDAY

GRATITUDE

-
-
-

PRAYERS + INTENTIONS ♡

_____
_____
_____
_____
_____

AFFIRMATIONS

1 _____
2 _____
3 _____

WEDNESDAY

GRATITUDE

-
-
-

PRAYERS + INTENTIONS ♡

_____
_____
_____
_____
_____

AFFIRMATIONS

1 _____
2 _____
3 _____

THURSDAY

GRATITUDE

-
-
-

PRAYERS + INTENTIONS ♡

_____
_____
_____
_____
_____

AFFIRMATIONS

1 _____
2 _____
3 _____

FRIDAY

GRATITUDE

-
-
-

PRAYERS + INTENTIONS ♡

_____
_____
_____
_____
_____

AFFIRMATIONS

1 _____
2 _____
3 _____

SATURDAY

GRATITUDE

-
-
-

PRAYERS + INTENTIONS ♡

_____
_____
_____
_____
_____

AFFIRMATIONS

1 _____
2 _____
3 _____

SUNDAY

GRATITUDE

-
-
-

PRAYERS + INTENTIONS ♡

_____
_____
_____
_____

AFFIRMATIONS

1 _____
2 _____
3 _____

Notes

Week of _____

MONDAY

TOP 3
-
-
-

MY DAY

☼ _____

☀ _____

☾ _____

TUESDAY

TOP 3
-
-
-

MY DAY

☼ _____

☀ _____

☾ _____

WEDNESDAY

TOP 3
-
-
-

MY DAY

☼ _____

☀ _____

☾ _____

THURSDAY

TOP 3

-
-
-

MY DAY

☀ (sunrise)

☀ (sun)

☾ (moon)

FRIDAY

TOP 3

-
-
-

MY DAY

☀ (sunrise)

☀ (sun)

☾ (moon)

SATURDAY

MY DAY

☀ (sunrise)

☀ (sun)

☾ (moon)

SUNDAY

MY DAY

☀ (sunrise)

☀ (sun)

☾ (moon)

MONDAY

GRATITUDE

-
-
-

PRAYERS + INTENTIONS ♡

_____
_____
_____
_____
_____

AFFIRMATIONS

1 _____
2 _____
3 _____

TUESDAY

GRATITUDE

-
-
-

PRAYERS + INTENTIONS ♡

_____
_____
_____
_____
_____

AFFIRMATIONS

1 _____
2 _____
3 _____

WEDNESDAY

GRATITUDE

-
-
-

PRAYERS + INTENTIONS ♡

_____
_____
_____
_____
_____

AFFIRMATIONS

1 _____
2 _____
3 _____

THURSDAY

GRATITUDE

-
-
-

PRAYERS + INTENTIONS ♡

_____
_____
_____
_____
_____

AFFIRMATIONS

1 _____
2 _____
3 _____

FRIDAY

G R A T I T U D E

-
-
-

PRAYERS + INTENTIONS ♡

_____
_____
_____
_____
_____

AFFIRMATIONS

1 _____
2 _____
3 _____

SATURDAY

G R A T I T U D E

-
-
-

PRAYERS + INTENTIONS ♡

_____
_____
_____
_____
_____

AFFIRMATIONS

1 _____
2 _____
3 _____

SUNDAY

G R A T I T U D E

-
-
-

PRAYERS + INTENTIONS ♡

_____
_____
_____
_____
_____

AFFIRMATIONS

1 _____
2 _____
3 _____

Notes

Week of _____

MONDAY

TOP 3

-
-
-

MY DAY

☼

☀

☾

TUESDAY

TOP 3

-
-
-

MY DAY

☼

☀

☾

WEDNESDAY

TOP 3

-
-
-

MY DAY

☼

☀

☾

THURSDAY

TOP 3

-
-
-

MY DAY

☼

☀

☾

FRIDAY

TOP 3

-
-
-

MY DAY

☼

☀

☾

SATURDAY

MY DAY

☼

☀

☾

SUNDAY

MY DAY

☼

☀

☾

MONDAY

GRATITUDE

-
-
-

PRAYERS + INTENTIONS ♡

_____
_____
_____
_____
_____

AFFIRMATIONS

1 _____
2 _____
3 _____

TUESDAY

GRATITUDE

-
-
-

PRAYERS + INTENTIONS ♡

_____
_____
_____
_____
_____

AFFIRMATIONS

1 _____
2 _____
3 _____

WEDNESDAY

GRATITUDE

-
-
-

PRAYERS + INTENTIONS ♡

_____
_____
_____
_____
_____

AFFIRMATIONS

1 _____
2 _____
3 _____

THURSDAY

GRATITUDE

-
-
-

PRAYERS + INTENTIONS ♡

_____
_____
_____
_____
_____

AFFIRMATIONS

1 _____
2 _____
3 _____

FRIDAY

G R A T I T U D E

-
-
-

PRAYERS + INTENTIONS ♡

_____
_____
_____
_____
_____

AFFIRMATIONS

1 _____
2 _____
3 _____

SATURDAY

G R A T I T U D E

-
-
-

PRAYERS + INTENTIONS ♡

_____
_____
_____
_____
_____

AFFIRMATIONS

1 _____
2 _____
3 _____

SUNDAY

G R A T I T U D E

-
-
-

PRAYERS + INTENTIONS ♡

_____
_____
_____
_____

AFFIRMATIONS

1 _____
2 _____
3 _____

Notes

Week of _____

MONDAY

TOP 3

-
-
-

MY DAY

☀ _____

☀ _____

☾

TUESDAY

TOP 3

-
-
-

MY DAY

☀ _____

☀ _____

☾

WEDNESDAY

TOP 3

-
-
-

MY DAY

☀ _____

☀ _____

☾

THURSDAY

TOP 3

-
-
-

MY DAY

☀

☀

☾

FRIDAY

TOP 3

-
-
-

MY DAY

☀

☀

☾

SATURDAY

MY DAY

☀

☀

☾

SUNDAY

MY DAY

☀

☀

☾

MONDAY

GRATITUDE

-
-
-

PRAYERS + INTENTIONS ♡

_____
_____
_____
_____
_____

AFFIRMATIONS

1 _____
2 _____
3 _____

TUESDAY

GRATITUDE

-
-
-

PRAYERS + INTENTIONS ♡

_____
_____
_____
_____
_____

AFFIRMATIONS

1 _____
2 _____
3 _____

WEDNESDAY

GRATITUDE

-
-
-

PRAYERS + INTENTIONS ♡

_____
_____
_____
_____
_____

AFFIRMATIONS

1 _____
2 _____
3 _____

THURSDAY

GRATITUDE

-
-
-

PRAYERS + INTENTIONS ♡

_____
_____
_____
_____
_____

AFFIRMATIONS

1 _____
2 _____
3 _____

FRIDAY

GRATITUDE

-
-
-

PRAYERS + INTENTIONS ♡

_____
_____
_____
_____
_____

AFFIRMATIONS

1 _____
2 _____
3 _____

SATURDAY

GRATITUDE

-
-
-

PRAYERS + INTENTIONS ♡

_____
_____
_____
_____
_____

AFFIRMATIONS

1 _____
2 _____
3 _____

SUNDAY

GRATITUDE

-
-
-

PRAYERS + INTENTIONS ♡

_____
_____
_____
_____
_____

AFFIRMATIONS

1 _____
2 _____
3 _____

Notes

Week of _____

MONDAY

TOP 3	MY DAY
•	☀ _____
•	
•	☀ _____

☾ _____

_____

TUESDAY

TOP 3	MY DAY
•	☀ _____
•	
•	☀ _____

☾ _____

_____

WEDNESDAY

TOP 3	MY DAY
•	☀ _____
•	
•	☀ _____

☾ _____

_____

THURSDAY

TOP 3	MY DAY
•	☼
•	
•	☀
	☾

FRIDAY

TOP 3	MY DAY
•	☼
•	
•	☀
	☾

SATURDAY

MY DAY

☼

☀

☾

SUNDAY

MY DAY

☼

☀

☾

MONDAY

GRATITUDE

-
-
-

PRAYERS + INTENTIONS ♡

_____
_____
_____
_____
_____

AFFIRMATIONS

1 _____
2 _____
3 _____

TUESDAY

GRATITUDE

-
-
-

PRAYERS + INTENTIONS ♡

_____
_____
_____
_____
_____

AFFIRMATIONS

1 _____
2 _____
3 _____

WEDNESDAY

GRATITUDE

-
-
-

PRAYERS + INTENTIONS ♡

_____
_____
_____
_____
_____

AFFIRMATIONS

1 _____
2 _____
3 _____

THURSDAY

GRATITUDE

-
-
-

PRAYERS + INTENTIONS ♡

_____
_____
_____
_____
_____

AFFIRMATIONS

1 _____
2 _____
3 _____

FRIDAY

GRATITUDE

-
-
-

PRAYERS + INTENTIONS ♡

_____
_____
_____
_____
_____

AFFIRMATIONS

1 _____
2 _____
3 _____

SATURDAY

GRATITUDE

-
-
-

PRAYERS + INTENTIONS ♡

_____
_____
_____
_____
_____

AFFIRMATIONS

1 _____
2 _____
3 _____

SUNDAY

GRATITUDE

-
-
-

PRAYERS + INTENTIONS ♡

_____
_____
_____
_____
_____

AFFIRMATIONS

1 _____
2 _____
3 _____

Notes

Week of _____

MONDAY

TOP 3

-
-
-

MY DAY

☼

☀

☾

TUESDAY

TOP 3

-
-
-

MY DAY

☼

☀

☾

WEDNESDAY

TOP 3

-
-
-

MY DAY

☼

☀

☾

THURSDAY

TOP 3

-
-
-

MY DAY

FRIDAY

TOP 3

-
-
-

MY DAY

SATURDAY

MY DAY

SUNDAY

MY DAY

MONDAY

GRATITUDE

-
-
-

PRAYERS + INTENTIONS ♡

_____
_____
_____
_____
_____

AFFIRMATIONS

1 _____
2 _____
3 _____

TUESDAY

GRATITUDE

-
-
-

PRAYERS + INTENTIONS ♡

_____
_____
_____
_____
_____

AFFIRMATIONS

1 _____
2 _____
3 _____

WEDNESDAY

GRATITUDE

-
-
-

PRAYERS + INTENTIONS ♡

_____
_____
_____
_____
_____

AFFIRMATIONS

1 _____
2 _____
3 _____

THURSDAY

GRATITUDE

-
-
-

PRAYERS + INTENTIONS ♡

_____
_____
_____
_____
_____

AFFIRMATIONS

1 _____
2 _____
3 _____

FRIDAY

GRATITUDE

-
-
-

PRAYERS + INTENTIONS ♡

_____
_____
_____
_____
_____

AFFIRMATIONS

1 _____
2 _____
3 _____

SATURDAY

GRATITUDE

-
-
-

PRAYERS + INTENTIONS ♡

_____
_____
_____
_____
_____

AFFIRMATIONS

1 _____
2 _____
3 _____

SUNDAY

GRATITUDE

-
-
-

PRAYERS + INTENTIONS ♡

_____
_____
_____
_____

AFFIRMATIONS

1 _____
2 _____
3 _____

Notes

Week of _____

MONDAY

TOP 3
-
-
-

MY DAY

☀ _____
_____

☀ _____
_____

☾ _____
_____

TUESDAY

TOP 3
-
-
-

MY DAY

☀ _____
_____

☀ _____
_____

☾ _____
_____

WEDNESDAY

TOP 3
-
-
-

MY DAY

☀ _____
_____

☀ _____
_____

☾ _____
_____

THURSDAY

TOP 3

-
-
-

MY DAY

☀️

☀️

🌙

FRIDAY

TOP 3

-
-
-

MY DAY

☀️

☀️

🌙

SATURDAY

MY DAY

☀️

☀️

🌙

SUNDAY

MY DAY

☀️

☀️

🌙

MONDAY

GRATITUDE

-
-
-

PRAYERS + INTENTIONS ♡

_____
_____
_____
_____
_____

AFFIRMATIONS

1 _____
2 _____
3 _____

TUESDAY

GRATITUDE

-
-
-

PRAYERS + INTENTIONS ♡

_____
_____
_____
_____
_____

AFFIRMATIONS

1 _____
2 _____
3 _____

WEDNESDAY

GRATITUDE

-
-
-

PRAYERS + INTENTIONS ♡

_____
_____
_____
_____
_____

AFFIRMATIONS

1 _____
2 _____
3 _____

THURSDAY

GRATITUDE

-
-
-

PRAYERS + INTENTIONS ♡

_____
_____
_____
_____
_____

AFFIRMATIONS

1 _____
2 _____
3 _____

FRIDAY

GRATITUDE

-
-
-

PRAYERS + INTENTIONS ♡

_____
_____
_____
_____
_____

AFFIRMATIONS

1 _____
2 _____
3 _____

SATURDAY

GRATITUDE

-
-
-

PRAYERS + INTENTIONS ♡

_____
_____
_____
_____
_____

AFFIRMATIONS

1 _____
2 _____
3 _____

SUNDAY

GRATITUDE

-
-
-

PRAYERS + INTENTIONS ♡

_____
_____
_____
_____
_____

AFFIRMATIONS

1 _____
2 _____
3 _____

Notes

Week of _____

MONDAY

TOP 3
-
-
-

MY DAY

☼

☀

☾

TUESDAY

TOP 3
-
-
-

MY DAY

☼

☀

☾

WEDNESDAY

TOP 3
-
-
-

MY DAY

☼

☀

☾

THURSDAY

TOP 3

-
-
-

MY DAY

☀ (sunrise)

☀ (sun)

☾ (moon)

FRIDAY

TOP 3

-
-
-

MY DAY

☀ (sunrise)

☀ (sun)

☾ (moon)

SATURDAY

MY DAY

☀ (sunrise)

☀ (sun)

☾ (moon)

SUNDAY

MY DAY

☀ (sunrise)

☀ (sun)

☾ (moon)

MONDAY

GRATITUDE

-
-
-

PRAYERS + INTENTIONS ♡

_____

_____

_____

_____

_____

AFFIRMATIONS

1 _____

2 _____

3 _____

TUESDAY

GRATITUDE

-
-
-

PRAYERS + INTENTIONS ♡

_____

_____

_____

_____

_____

AFFIRMATIONS

1 _____

2 _____

3 _____

WEDNESDAY

GRATITUDE

-
-
-

PRAYERS + INTENTIONS ♡

_____

_____

_____

_____

_____

AFFIRMATIONS

1 _____

2 _____

3 _____

THURSDAY

GRATITUDE

-
-
-

PRAYERS + INTENTIONS ♡

_____

_____

_____

_____

_____

AFFIRMATIONS

1 _____

2 _____

3 _____

FRIDAY

GRATITUDE

-
-
-

PRAYERS + INTENTIONS ♡

_____
_____
_____
_____
_____

AFFIRMATIONS

1 _____
2 _____
3 _____

SATURDAY

GRATITUDE

-
-
-

PRAYERS + INTENTIONS ♡

_____
_____
_____
_____
_____

AFFIRMATIONS

1 _____
2 _____
3 _____

SUNDAY

GRATITUDE

-
-
-

PRAYERS + INTENTIONS ♡

_____
_____
_____
_____
_____

AFFIRMATIONS

1 _____
2 _____
3 _____

Notes

Week of _____

MONDAY

TOP 3

-
-
-

MY DAY

☀

☀

🌙

TUESDAY

TOP 3

-
-
-

MY DAY

☀

☀

🌙

WEDNESDAY

TOP 3

-
-
-

MY DAY

☀

☀

🌙

THURSDAY

TOP 3

-
-
-

MY DAY

FRIDAY

TOP 3

-
-
-

MY DAY

SATURDAY

MY DAY

SUNDAY

MY DAY

MONDAY

G R A T I T U D E

-
-
-

PRAYERS + INTENTIONS ♡

_____
_____
_____
_____
_____

AFFIRMATIONS

1 _____
2 _____
3 _____

TUESDAY

G R A T I T U D E

-
-
-

PRAYERS + INTENTIONS ♡

_____
_____
_____
_____
_____

AFFIRMATIONS

1 _____
2 _____
3 _____

WEDNESDAY

G R A T I T U D E

-
-
-

PRAYERS + INTENTIONS ♡

_____
_____
_____
_____
_____

AFFIRMATIONS

1 _____
2 _____
3 _____

THURSDAY

G R A T I T U D E

-
-
-

PRAYERS + INTENTIONS ♡

_____
_____
_____
_____
_____

AFFIRMATIONS

1 _____
2 _____
3 _____

FRIDAY

GRATITUDE

-
-
-

PRAYERS + INTENTIONS ♡

_____
_____
_____
_____
_____

AFFIRMATIONS

1 _____
2 _____
3 _____

SATURDAY

GRATITUDE

-
-
-

PRAYERS + INTENTIONS ♡

_____
_____
_____
_____
_____

AFFIRMATIONS

1 _____
2 _____
3 _____

SUNDAY

GRATITUDE

-
-
-

PRAYERS + INTENTIONS ♡

_____
_____
_____
_____
_____

AFFIRMATIONS

1 _____
2 _____
3 _____

Notes

Week of _____

MONDAY

TOP 3
-
-
-

MY DAY

TUESDAY

TOP 3
-
-
-

MY DAY

WEDNESDAY

TOP 3
-
-
-

MY DAY

THURSDAY

TOP 3

-
-
-

MY DAY

☀

☀

☾

FRIDAY

TOP 3

-
-
-

MY DAY

☀

☀

☾

SATURDAY

MY DAY

☀

☀

☾

SUNDAY

MY DAY

☀

☀

☾

MONDAY

GRATITUDE

-
-
-

PRAYERS + INTENTIONS ♡

_____
_____
_____
_____
_____

AFFIRMATIONS

1 _____
2 _____
3 _____

TUESDAY

GRATITUDE

-
-
-

PRAYERS + INTENTIONS ♡

_____
_____
_____
_____
_____

AFFIRMATIONS

1 _____
2 _____
3 _____

WEDNESDAY

GRATITUDE

-
-
-

PRAYERS + INTENTIONS ♡

_____
_____
_____
_____
_____

AFFIRMATIONS

1 _____
2 _____
3 _____

THURSDAY

GRATITUDE

-
-
-

PRAYERS + INTENTIONS ♡

_____
_____
_____
_____
_____

AFFIRMATIONS

1 _____
2 _____
3 _____

FRIDAY

GRATITUDE

-
-
-

PRAYERS + INTENTIONS ♡

_____
_____
_____
_____
_____

AFFIRMATIONS

1 _____
2 _____
3 _____

SATURDAY

GRATITUDE

-
-
-

PRAYERS + INTENTIONS ♡

_____
_____
_____
_____
_____

AFFIRMATIONS

1 _____
2 _____
3 _____

SUNDAY

GRATITUDE

-
-
-

PRAYERS + INTENTIONS ♡

_____
_____
_____
_____
_____

AFFIRMATIONS

1 _____
2 _____
3 _____

Notes

Week of _____

MONDAY

TOP 3

-
-
-

MY DAY

☀ _____

☀ _____

☾ _____

TUESDAY

TOP 3

-
-
-

MY DAY

☀ _____

☀ _____

☾ _____

WEDNESDAY

TOP 3

-
-
-

MY DAY

☀ _____

☀ _____

☾ _____

THURSDAY

TOP 3
•
•
•

MY DAY

☀ (sunrise)

☀ (sun)

🌙 (moon)

FRIDAY

TOP 3
•
•
•

MY DAY

☀ (sunrise)

☀ (sun)

🌙 (moon)

SATURDAY

MY DAY

☀ (sunrise)

☀ (sun)

🌙 (moon)

SUNDAY

MY DAY

☀ (sunrise)

☀ (sun)

🌙 (moon)

MONDAY

GRATITUDE

-
-
-

PRAYERS + INTENTIONS ♡

_____
_____
_____
_____
_____

AFFIRMATIONS

1 _____
2 _____
3 _____

TUESDAY

GRATITUDE

-
-
-

PRAYERS + INTENTIONS ♡

_____
_____
_____
_____
_____

AFFIRMATIONS

1 _____
2 _____
3 _____

WEDNESDAY

GRATITUDE

-
-
-

PRAYERS + INTENTIONS ♡

_____
_____
_____
_____
_____

AFFIRMATIONS

1 _____
2 _____
3 _____

THURSDAY

GRATITUDE

-
-
-

PRAYERS + INTENTIONS ♡

_____
_____
_____
_____
_____

AFFIRMATIONS

1 _____
2 _____
3 _____

FRIDAY

GRATITUDE

-
-
-

PRAYERS + INTENTIONS ♡

_____
_____
_____
_____
_____

AFFIRMATIONS

1 _____
2 _____
3 _____

SATURDAY

GRATITUDE

-
-
-

PRAYERS + INTENTIONS ♡

_____
_____
_____
_____
_____

AFFIRMATIONS

1 _____
2 _____
3 _____

SUNDAY

GRATITUDE

-
-
-

PRAYERS + INTENTIONS ♡

_____
_____
_____
_____
_____

AFFIRMATIONS

1 _____
2 _____
3 _____

Notes

Week of _____

MONDAY

TOP 3	MY DAY
•	☀
•	
•	☀
	☾

TUESDAY

TOP 3	MY DAY
•	☀
•	
•	☀
	☾

WEDNESDAY

TOP 3	MY DAY
•	☀
•	
•	☀
	☾

THURSDAY

TOP 3

-
-
-

MY DAY

☀

☀

☾

FRIDAY

TOP 3

-
-
-

MY DAY

☀

☀

☾

SATURDAY

MY DAY

☀

☀

☾

SUNDAY

MY DAY

☀

☀

☾

MONDAY

GRATITUDE

-
-
-

PRAYERS + INTENTIONS ♡

_____

_____

_____

_____

_____

AFFIRMATIONS

1 _____

2 _____

3 _____

TUESDAY

GRATITUDE

-
-
-

PRAYERS + INTENTIONS ♡

_____

_____

_____

_____

_____

AFFIRMATIONS

1 _____

2 _____

3 _____

WEDNESDAY

GRATITUDE

-
-
-

PRAYERS + INTENTIONS ♡

_____

_____

_____

_____

_____

AFFIRMATIONS

1 _____

2 _____

3 _____

THURSDAY

GRATITUDE

-
-
-

PRAYERS + INTENTIONS ♡

_____

_____

_____

_____

_____

AFFIRMATIONS

1 _____

2 _____

3 _____

FRIDAY

GRATITUDE

-
-
-

PRAYERS + INTENTIONS ♡

_____
_____
_____
_____
_____

AFFIRMATIONS

1 _____
2 _____
3 _____

SATURDAY

GRATITUDE

-
-
-

PRAYERS + INTENTIONS ♡

_____
_____
_____
_____
_____

AFFIRMATIONS

1 _____
2 _____
3 _____

SUNDAY

GRATITUDE

-
-
-

PRAYERS + INTENTIONS ♡

_____
_____
_____
_____
_____

AFFIRMATIONS

1 _____
2 _____
3 _____

Notes

Week of _____

MONDAY

TOP 3

-
-
-

MY DAY

☀ _____

☼ _____

☾

TUESDAY

TOP 3

-
-
-

MY DAY

☀ _____

☼ _____

☾

WEDNESDAY

TOP 3

-
-
-

MY DAY

☀ _____

☼ _____

☾

THURSDAY

TOP 3

-
-
-

MY DAY

☀ (sunrise)

☀ (sun)

🌙 (moon)

FRIDAY

TOP 3

-
-
-

MY DAY

☀ (sunrise)

☀ (sun)

🌙 (moon)

SATURDAY

MY DAY

☀ (sunrise)

☀ (sun)

🌙 (moon)

SUNDAY

MY DAY

☀ (sunrise)

☀ (sun)

🌙 (moon)

MONDAY

GRATITUDE

-
-
-

PRAYERS + INTENTIONS ♡

_____
_____
_____
_____
_____

AFFIRMATIONS

1 _____
2 _____
3 _____

TUESDAY

GRATITUDE

-
-
-

PRAYERS + INTENTIONS ♡

_____
_____
_____
_____
_____

AFFIRMATIONS

1 _____
2 _____
3 _____

WEDNESDAY

GRATITUDE

-
-
-

PRAYERS + INTENTIONS ♡

_____
_____
_____
_____
_____

AFFIRMATIONS

1 _____
2 _____
3 _____

THURSDAY

GRATITUDE

-
-
-

PRAYERS + INTENTIONS ♡

_____
_____
_____
_____
_____

AFFIRMATIONS

1 _____
2 _____
3 _____

FRIDAY

GRATITUDE

-
-
-

PRAYERS + INTENTIONS ♡

_____
_____
_____
_____
_____

AFFIRMATIONS

1 _____
2 _____
3 _____

SATURDAY

GRATITUDE

-
-
-

PRAYERS + INTENTIONS ♡

_____
_____
_____
_____
_____

AFFIRMATIONS

1 _____
2 _____
3 _____

SUNDAY

GRATITUDE

-
-
-

PRAYERS + INTENTIONS ♡

_____
_____
_____
_____
_____

AFFIRMATIONS

1 _____
2 _____
3 _____

Notes

Week of _____

MONDAY

TOP 3

-
-
-

MY DAY

☀ _____

_____

☀ _____

_____

🌙 _____

_____

TUESDAY

TOP 3

-
-
-

MY DAY

☀ _____

_____

☀ _____

_____

🌙 _____

_____

WEDNESDAY

TOP 3

-
-
-

MY DAY

☀ _____

_____

☀ _____

_____

🌙 _____

_____

THURSDAY

TOP 3

-
-
-

MY DAY

☼

☀

☾

FRIDAY

TOP 3

-
-
-

MY DAY

☼

☀

☾

SATURDAY

MY DAY

☼

☀

☾

SUNDAY

MY DAY

☼

☀

☾

MONDAY

GRATITUDE

-
-
-

PRAYERS + INTENTIONS ♡

_____
_____
_____
_____
_____

AFFIRMATIONS

1 _____
2 _____
3 _____

TUESDAY

GRATITUDE

-
-
-

PRAYERS + INTENTIONS ♡

_____
_____
_____
_____
_____

AFFIRMATIONS

1 _____
2 _____
3 _____

WEDNESDAY

GRATITUDE

-
-
-

PRAYERS + INTENTIONS ♡

_____
_____
_____
_____
_____

AFFIRMATIONS

1 _____
2 _____
3 _____

THURSDAY

GRATITUDE

-
-
-

PRAYERS + INTENTIONS ♡

_____
_____
_____
_____
_____

AFFIRMATIONS

1 _____
2 _____
3 _____

FRIDAY

GRATITUDE

-
-
-

PRAYERS + INTENTIONS ♡

_____
_____
_____
_____
_____
_____

AFFIRMATIONS

1 _____
2 _____
3 _____

SATURDAY

GRATITUDE

-
-
-

PRAYERS + INTENTIONS ♡

_____
_____
_____
_____
_____
_____

AFFIRMATIONS

1 _____
2 _____
3 _____

SUNDAY

GRATITUDE

-
-
-

PRAYERS + INTENTIONS ♡

_____
_____
_____
_____
_____
_____

AFFIRMATIONS

1 _____
2 _____
3 _____

Notes

Week of _____

MONDAY

TOP 3

-
-
-

MY DAY

☀ _____

☀ _____

☾ _____

TUESDAY

TOP 3

-
-
-

MY DAY

☀ _____

☀ _____

☾ _____

WEDNESDAY

TOP 3

-
-
-

MY DAY

☀ _____

☀ _____

☾ _____

THURSDAY

TOP 3

-
-
-

MY DAY

☼

☼

☾

FRIDAY

TOP 3

-
-
-

MY DAY

☼

☼

☾

SATURDAY

MY DAY

☼

☼

☾

SUNDAY

MY DAY

☼

☼

☾

MONDAY

GRATITUDE

-
-
-

PRAYERS + INTENTIONS ♡

_____
_____
_____
_____
_____

AFFIRMATIONS

1 _____
2 _____
3 _____

TUESDAY

GRATITUDE

-
-
-

PRAYERS + INTENTIONS ♡

_____
_____
_____
_____
_____

AFFIRMATIONS

1 _____
2 _____
3 _____

WEDNESDAY

GRATITUDE

-
-
-

PRAYERS + INTENTIONS ♡

_____
_____
_____
_____
_____

AFFIRMATIONS

1 _____
2 _____
3 _____

THURSDAY

GRATITUDE

-
-
-

PRAYERS + INTENTIONS ♡

_____
_____
_____
_____
_____

AFFIRMATIONS

1 _____
2 _____
3 _____

FRIDAY

GRATITUDE

-
-
-

PRAYERS + INTENTIONS ♡

_____
_____
_____
_____
_____

AFFIRMATIONS

1 _____
2 _____
3 _____

SATURDAY

GRATITUDE

-
-
-

PRAYERS + INTENTIONS ♡

_____
_____
_____
_____
_____

AFFIRMATIONS

1 _____
2 _____
3 _____

SUNDAY

GRATITUDE

-
-
-

PRAYERS + INTENTIONS ♡

_____
_____
_____
_____
_____

AFFIRMATIONS

1 _____
2 _____
3 _____

Notes

$Week\ of$ _____

MONDAY

TOP 3	MY DAY
•	☀
•	
•	☀

☾

TUESDAY

TOP 3	MY DAY
•	☀
•	
•	☀

☾

WEDNESDAY

TOP 3	MY DAY
•	☀
•	
•	☀

☾

THURSDAY

TOP 3

-
-
-

MY DAY

☀

☀

☾

FRIDAY

TOP 3

-
-
-

MY DAY

☀

☀

☾

SATURDAY

MY DAY

☀

☀

☾

SUNDAY

MY DAY

☀

☀

☾

MONDAY

GRATITUDE

-
-
-

PRAYERS + INTENTIONS ♡

_____
_____
_____
_____
_____

AFFIRMATIONS

1 _____
2 _____
3 _____

TUESDAY

GRATITUDE

-
-
-

PRAYERS + INTENTIONS ♡

_____
_____
_____
_____
_____

AFFIRMATIONS

1 _____
2 _____
3 _____

WEDNESDAY

GRATITUDE

-
-
-

PRAYERS + INTENTIONS ♡

_____
_____
_____
_____
_____

AFFIRMATIONS

1 _____
2 _____
3 _____

THURSDAY

GRATITUDE

-
-
-

PRAYERS + INTENTIONS ♡

_____
_____
_____
_____
_____

AFFIRMATIONS

1 _____
2 _____
3 _____

FRIDAY

GRATITUDE

-
-
-

PRAYERS + INTENTIONS ♡

_____
_____
_____
_____
_____

AFFIRMATIONS

1 _____
2 _____
3 _____

SATURDAY

GRATITUDE

-
-
-

PRAYERS + INTENTIONS ♡

_____
_____
_____
_____
_____

AFFIRMATIONS

1 _____
2 _____
3 _____

SUNDAY

GRATITUDE

-
-
-

PRAYERS + INTENTIONS ♡

_____
_____
_____
_____
_____

AFFIRMATIONS

1 _____
2 _____
3 _____

Notes

Week of _____

MONDAY

TOP 3	MY DAY
•	☀
•	
•	☀
	☾

TUESDAY

TOP 3	MY DAY
•	☀
•	
•	☀
	☾

WEDNESDAY

TOP 3	MY DAY
•	☀
•	
•	☀
	☾

THURSDAY

TOP 3

-
-
-

MY DAY

☀ (sunrise)

☀ (sun)

☾ (moon)

FRIDAY

TOP 3

-
-
-

MY DAY

☀ (sunrise)

☀ (sun)

☾ (moon)

SATURDAY

MY DAY

☀ (sunrise)

☀ (sun)

☾ (moon)

SUNDAY

MY DAY

☀ (sunrise)

☀ (sun)

☾ (moon)

MONDAY

GRATITUDE

-
-
-

PRAYERS + INTENTIONS ♡

_____
_____
_____
_____
_____

AFFIRMATIONS

1 _____
2 _____
3 _____

TUESDAY

GRATITUDE

-
-
-

PRAYERS + INTENTIONS ♡

_____
_____
_____
_____
_____

AFFIRMATIONS

1 _____
2 _____
3 _____

WEDNESDAY

GRATITUDE

-
-
-

PRAYERS + INTENTIONS ♡

_____
_____
_____
_____
_____

AFFIRMATIONS

1 _____
2 _____
3 _____

THURSDAY

GRATITUDE

-
-
-

PRAYERS + INTENTIONS ♡

_____
_____
_____
_____
_____

AFFIRMATIONS

1 _____
2 _____
3 _____

FRIDAY

GRATITUDE

-
-
-

PRAYERS + INTENTIONS ♡

_____
_____
_____
_____
_____

AFFIRMATIONS

1 _____
2 _____
3 _____

SATURDAY

GRATITUDE

-
-
-

PRAYERS + INTENTIONS ♡

_____
_____
_____
_____
_____

AFFIRMATIONS

1 _____
2 _____
3 _____

SUNDAY

GRATITUDE

-
-
-

PRAYERS + INTENTIONS ♡

_____
_____
_____
_____
_____

AFFIRMATIONS

1 _____
2 _____
3 _____

Notes

Week of _____

MONDAY

TOP 3

-
-
-

MY DAY

☀ _____

☀ _____

☾ _____

TUESDAY

TOP 3

-
-
-

MY DAY

☀ _____

☀ _____

☾ _____

WEDNESDAY

TOP 3

-
-
-

MY DAY

☀ _____

☀ _____

☾ _____

THURSDAY

TOP 3

-
-
-

MY DAY

☀ (sunrise)

☀ (sun)

☾ (moon)

FRIDAY

TOP 3

-
-
-

MY DAY

☀ (sunrise)

☀ (sun)

☾ (moon)

SATURDAY

MY DAY

☀ (sunrise)

☀ (sun)

☾ (moon)

SUNDAY

MY DAY

☀ (sunrise)

☀ (sun)

☾ (moon)

MONDAY

GRATITUDE

-
-
-

PRAYERS + INTENTIONS ♡

_____
_____
_____
_____
_____

AFFIRMATIONS

1 _____
2 _____
3 _____

TUESDAY

GRATITUDE

-
-
-

PRAYERS + INTENTIONS ♡

_____
_____
_____
_____
_____

AFFIRMATIONS

1 _____
2 _____
3 _____

WEDNESDAY

GRATITUDE

-
-
-

PRAYERS + INTENTIONS ♡

_____
_____
_____
_____
_____

AFFIRMATIONS

1 _____
2 _____
3 _____

THURSDAY

GRATITUDE

-
-
-

PRAYERS + INTENTIONS ♡

_____
_____
_____
_____
_____

AFFIRMATIONS

1 _____
2 _____
3 _____

FRIDAY

G R A T I T U D E

-
-
-

PRAYERS + INTENTIONS ♡

_____
_____
_____
_____
_____

AFFIRMATIONS

1 _____
2 _____
3 _____

SATURDAY

G R A T I T U D E

-
-
-

PRAYERS + INTENTIONS ♡

_____
_____
_____
_____
_____

AFFIRMATIONS

1 _____
2 _____
3 _____

SUNDAY

G R A T I T U D E

-
-
-

PRAYERS + INTENTIONS ♡

_____
_____
_____
_____
_____

AFFIRMATIONS

1 _____
2 _____
3 _____

Notes

Week of _____

MONDAY

TOP 3
-
-
-

MY DAY

☼

☀

☾

TUESDAY

TOP 3
-
-
-

MY DAY

☼

☀

☾

WEDNESDAY

TOP 3
-
-
-

MY DAY

☼

☀

☾

THURSDAY

TOP 3

-
-
-

MY DAY

☼

☀

☾

FRIDAY

TOP 3

-
-
-

MY DAY

☼

☀

☾

SATURDAY

MY DAY

☼

☀

☾

SUNDAY

MY DAY

☼

☀

☾

MONDAY

GRATITUDE

-
-
-

PRAYERS + INTENTIONS ♡

_____
_____
_____
_____
_____

AFFIRMATIONS

1 _____
2 _____
3 _____

TUESDAY

GRATITUDE

-
-
-

PRAYERS + INTENTIONS ♡

_____
_____
_____
_____
_____

AFFIRMATIONS

1 _____
2 _____
3 _____

WEDNESDAY

GRATITUDE

-
-
-

PRAYERS + INTENTIONS ♡

_____
_____
_____
_____
_____

AFFIRMATIONS

1 _____
2 _____
3 _____

THURSDAY

GRATITUDE

-
-
-

PRAYERS + INTENTIONS ♡

_____
_____
_____
_____
_____

AFFIRMATIONS

1 _____
2 _____
3 _____

FRIDAY

GRATITUDE

-
-
-

PRAYERS + INTENTIONS ♡

_____
_____
_____
_____

AFFIRMATIONS

1 _____
2 _____
3 _____

SATURDAY

GRATITUDE

-
-
-

PRAYERS + INTENTIONS ♡

_____
_____
_____
_____

AFFIRMATIONS

1 _____
2 _____
3 _____

SUNDAY

GRATITUDE

-
-
-

PRAYERS + INTENTIONS ♡

_____
_____
_____
_____

AFFIRMATIONS

1 _____
2 _____
3 _____

Notes

Week of _____

MONDAY

TOP 3	MY DAY
•	☀
•	
•	☼

☾

TUESDAY

TOP 3	MY DAY
•	☀
•	
•	☼

☾

WEDNESDAY

TOP 3	MY DAY
•	☀
•	
•	☼

☾

THURSDAY

TOP 3

-
-
-

MY DAY

FRIDAY

TOP 3

-
-
-

MY DAY

SATURDAY

MY DAY

SUNDAY

MY DAY

MONDAY

GRATITUDE

-
-
-

PRAYERS + INTENTIONS ♡

_____
_____
_____
_____
_____

AFFIRMATIONS

1 _____
2 _____
3 _____

TUESDAY

GRATITUDE

-
-
-

PRAYERS + INTENTIONS ♡

_____
_____
_____
_____
_____

AFFIRMATIONS

1 _____
2 _____
3 _____

WEDNESDAY

GRATITUDE

-
-
-

PRAYERS + INTENTIONS ♡

_____
_____
_____
_____
_____

AFFIRMATIONS

1 _____
2 _____
3 _____

THURSDAY

GRATITUDE

-
-
-

PRAYERS + INTENTIONS ♡

_____
_____
_____
_____
_____

AFFIRMATIONS

1 _____
2 _____
3 _____

FRIDAY

GRATITUDE

-
-
-

PRAYERS + INTENTIONS ♡

_____
_____
_____
_____
_____

AFFIRMATIONS

1 _____
2 _____
3 _____

SATURDAY

GRATITUDE

-
-
-

PRAYERS + INTENTIONS ♡

_____
_____
_____
_____
_____

AFFIRMATIONS

1 _____
2 _____
3 _____

SUNDAY

GRATITUDE

-
-
-

PRAYERS + INTENTIONS ♡

_____
_____
_____
_____
_____

AFFIRMATIONS

1 _____
2 _____
3 _____

Notes

Week of _____

MONDAY

TOP 3

-
-
-

MY DAY

🌅 _____

☀️ _____

🌙

TUESDAY

TOP 3

-
-
-

MY DAY

🌅 _____

☀️ _____

🌙

WEDNESDAY

TOP 3

-
-
-

MY DAY

🌅 _____

☀️ _____

🌙

THURSDAY

TOP 3

-
-
-

MY DAY

☀ (sunrise)

☀ (sun)

☽ (moon)

FRIDAY

TOP 3

-
-
-

MY DAY

☀ (sunrise)

☀ (sun)

☽ (moon)

SATURDAY

MY DAY

☀ (sunrise)

☀ (sun)

☽ (moon)

SUNDAY

MY DAY

☀ (sunrise)

☀ (sun)

☽ (moon)

MONDAY

GRATITUDE

-
-
-

PRAYERS + INTENTIONS ♡

_____
_____
_____
_____
_____

AFFIRMATIONS

1 _____
2 _____
3 _____

TUESDAY

GRATITUDE

-
-
-

PRAYERS + INTENTIONS ♡

_____
_____
_____
_____
_____

AFFIRMATIONS

1 _____
2 _____
3 _____

WEDNESDAY

GRATITUDE

-
-
-

PRAYERS + INTENTIONS ♡

_____
_____
_____
_____
_____

AFFIRMATIONS

1 _____
2 _____
3 _____

THURSDAY

GRATITUDE

-
-
-

PRAYERS + INTENTIONS ♡

_____
_____
_____
_____
_____

AFFIRMATIONS

1 _____
2 _____
3 _____

FRIDAY

GRATITUDE

-
-
-

PRAYERS + INTENTIONS ♡

_____
_____
_____
_____
_____

AFFIRMATIONS

1 _____
2 _____
3 _____

SATURDAY

GRATITUDE

-
-
-

PRAYERS + INTENTIONS ♡

_____
_____
_____
_____
_____

AFFIRMATIONS

1 _____
2 _____
3 _____

SUNDAY

GRATITUDE

-
-
-

PRAYERS + INTENTIONS ♡

_____
_____
_____
_____
_____

AFFIRMATIONS

1 _____
2 _____
3 _____

Notes

Week of _____

MONDAY

TOP 3

-
-
-

MY DAY

☀ _____

☀ _____

☾ _____

TUESDAY

TOP 3

-
-
-

MY DAY

☀ _____

☀ _____

☾ _____

WEDNESDAY

TOP 3

-
-
-

MY DAY

☀ _____

☀ _____

☾ _____

THURSDAY

TOP 3

-
-
-

MY DAY

☀ (sunrise)

☀ (sun)

🌙 (moon)

FRIDAY

TOP 3

-
-
-

MY DAY

☀ (sunrise)

☀ (sun)

🌙 (moon)

SATURDAY

MY DAY

☀ (sunrise)

☀ (sun)

🌙 (moon)

SUNDAY

MY DAY

☀ (sunrise)

☀ (sun)

🌙 (moon)

MONDAY

GRATITUDE

-
-
-

PRAYERS + INTENTIONS ♡

_____
_____
_____
_____
_____

AFFIRMATIONS

1 _____
2 _____
3 _____

TUESDAY

GRATITUDE

-
-
-

PRAYERS + INTENTIONS ♡

_____
_____
_____
_____
_____

AFFIRMATIONS

1 _____
2 _____
3 _____

WEDNESDAY

GRATITUDE

-
-
-

PRAYERS + INTENTIONS ♡

_____
_____
_____
_____
_____

AFFIRMATIONS

1 _____
2 _____
3 _____

THURSDAY

GRATITUDE

-
-
-

PRAYERS + INTENTIONS ♡

_____
_____
_____
_____
_____

AFFIRMATIONS

1 _____
2 _____
3 _____

FRIDAY

GRATITUDE

-
-
-

PRAYERS + INTENTIONS ♡

_____
_____
_____
_____
_____

AFFIRMATIONS

1 _____
2 _____
3 _____

SATURDAY

GRATITUDE

-
-
-

PRAYERS + INTENTIONS ♡

_____
_____
_____
_____
_____

AFFIRMATIONS

1 _____
2 _____
3 _____

SUNDAY

GRATITUDE

-
-
-

PRAYERS + INTENTIONS ♡

_____
_____
_____
_____
_____

AFFIRMATIONS

1 _____
2 _____
3 _____

Notes

Week of _____

MONDAY

TOP 3	MY DAY
•	☀ _____
•	_____
•	☀ _____

☾ _____

_____

TUESDAY

TOP 3	MY DAY
•	☀ _____
•	_____
•	☀ _____

☾ _____

_____

WEDNESDAY

TOP 3	MY DAY
•	☀ _____
•	_____
•	☀ _____

☾ _____

_____

THURSDAY

TOP 3

-
-
-

MY DAY

FRIDAY

TOP 3

-
-
-

MY DAY

SATURDAY

MY DAY

SUNDAY

MY DAY

MONDAY

GRATITUDE

-
-
-

PRAYERS + INTENTIONS ♡

_____
_____
_____
_____
_____

AFFIRMATIONS

1 _____
2 _____
3 _____

TUESDAY

GRATITUDE

-
-
-

PRAYERS + INTENTIONS ♡

_____
_____
_____
_____
_____

AFFIRMATIONS

1 _____
2 _____
3 _____

WEDNESDAY

GRATITUDE

-
-
-

PRAYERS + INTENTIONS ♡

_____
_____
_____
_____
_____

AFFIRMATIONS

1 _____
2 _____
3 _____

THURSDAY

GRATITUDE

-
-
-

PRAYERS + INTENTIONS ♡

_____
_____
_____
_____
_____

AFFIRMATIONS

1 _____
2 _____
3 _____

FRIDAY

G R A T I T U D E

-
-
-

PRAYERS + INTENTIONS ♡

_____
_____
_____
_____
_____

AFFIRMATIONS

1 _____
2 _____
3 _____

SATURDAY

G R A T I T U D E

-
-
-

PRAYERS + INTENTIONS ♡

_____
_____
_____
_____
_____

AFFIRMATIONS

1 _____
2 _____
3 _____

SUNDAY

G R A T I T U D E

-
-
-

PRAYERS + INTENTIONS ♡

_____
_____
_____
_____
_____

AFFIRMATIONS

1 _____
2 _____
3 _____

Notes

Week of _____

MONDAY

TOP 3	MY DAY
•	☀ _____
•	_____
•	☀ _____

🌙 _____
_____

TUESDAY

TOP 3	MY DAY
•	☀ _____
•	_____
•	☀ _____

🌙 _____
_____

WEDNESDAY

TOP 3	MY DAY
•	☀ _____
•	_____
•	☀ _____

🌙 _____
_____

THURSDAY

TOP 3	MY DAY
•	☀
•	
•	☀

☾

FRIDAY

TOP 3	MY DAY
•	☀
•	
•	☀

☾

SATURDAY

MY DAY

☀

☀

☾

SUNDAY

MY DAY

☀

☀

☾

MONDAY

GRATITUDE

-
-
-

PRAYERS + INTENTIONS ♡

_____

_____

_____

_____

_____

AFFIRMATIONS

1 _____

2 _____

3 _____

TUESDAY

GRATITUDE

-
-
-

PRAYERS + INTENTIONS ♡

_____

_____

_____

_____

_____

AFFIRMATIONS

1 _____

2 _____

3 _____

WEDNESDAY

GRATITUDE

-
-
-

PRAYERS + INTENTIONS ♡

_____

_____

_____

_____

_____

AFFIRMATIONS

1 _____

2 _____

3 _____

THURSDAY

GRATITUDE

-
-
-

PRAYERS + INTENTIONS ♡

_____

_____

_____

_____

_____

AFFIRMATIONS

1 _____

2 _____

3 _____

FRIDAY

GRATITUDE

-
-
-

PRAYERS + INTENTIONS ♡

_____
_____
_____
_____
_____

AFFIRMATIONS

1 _____
2 _____
3 _____

SATURDAY

GRATITUDE

-
-
-

PRAYERS + INTENTIONS ♡

_____
_____
_____
_____
_____

AFFIRMATIONS

1 _____
2 _____
3 _____

SUNDAY

GRATITUDE

-
-
-

PRAYERS + INTENTIONS ♡

_____
_____
_____
_____
_____

AFFIRMATIONS

1 _____
2 _____
3 _____

Notes

Week of _____

MONDAY

TOP 3

-
-
-

MY DAY

☀ _____

☀ _____

☾ _____

TUESDAY

TOP 3

-
-
-

MY DAY

☀ _____

☀ _____

☾ _____

WEDNESDAY

TOP 3

-
-
-

MY DAY

☀ _____

☀ _____

☾ _____

THURSDAY

TOP 3

-
-
-

MY DAY

☼

☀

☾

FRIDAY

TOP 3

-
-
-

MY DAY

☼

☀

☾

SATURDAY

MY DAY

☼

☀

☾

SUNDAY

MY DAY

☼

☀

☾

MONDAY

G R A T I T U D E

-
-
-

PRAYERS + INTENTIONS ♡

_____

_____

_____

_____

_____

AFFIRMATIONS

1 _____

2 _____

3 _____

TUESDAY

G R A T I T U D E

-
-
-

PRAYERS + INTENTIONS ♡

_____

_____

_____

_____

_____

AFFIRMATIONS

1 _____

2 _____

3 _____

WEDNESDAY

G R A T I T U D E

-
-
-

PRAYERS + INTENTIONS ♡

_____

_____

_____

_____

_____

AFFIRMATIONS

1 _____

2 _____

3 _____

THURSDAY

G R A T I T U D E

-
-
-

PRAYERS + INTENTIONS ♡

_____

_____

_____

_____

_____

AFFIRMATIONS

1 _____

2 _____

3 _____

FRIDAY

GRATITUDE

-
-
-

PRAYERS + INTENTIONS ♡

_____
_____
_____
_____
_____

AFFIRMATIONS

1 _____
2 _____
3 _____

SATURDAY

GRATITUDE

-
-
-

PRAYERS + INTENTIONS ♡

_____
_____
_____
_____
_____

AFFIRMATIONS

1 _____
2 _____
3 _____

SUNDAY

GRATITUDE

-
-
-

PRAYERS + INTENTIONS ♡

_____
_____
_____
_____
_____

AFFIRMATIONS

1 _____
2 _____
3 _____

Notes

Week of _____

MONDAY

TOP 3	MY DAY

- •
- •
- •

TUESDAY

TOP 3	MY DAY

- •
- •
- •

WEDNESDAY

TOP 3	MY DAY

- •
- •
- •

THURSDAY

TOP 3

-
-
-

MY DAY

☀ (sunrise)

☀ (sun)

☾ (moon)

FRIDAY

TOP 3

-
-
-

MY DAY

☀ (sunrise)

☀ (sun)

☾ (moon)

SATURDAY

MY DAY

☀ (sunrise)

☀ (sun)

☾ (moon)

SUNDAY

MY DAY

☀ (sunrise)

☀ (sun)

☾ (moon)

MONDAY

GRATITUDE

-
-
-

PRAYERS + INTENTIONS ♡

_____
_____
_____
_____
_____

AFFIRMATIONS

1 _____
2 _____
3 _____

TUESDAY

GRATITUDE

-
-
-

PRAYERS + INTENTIONS ♡

_____
_____
_____
_____
_____

AFFIRMATIONS

1 _____
2 _____
3 _____

WEDNESDAY

GRATITUDE

-
-
-

PRAYERS + INTENTIONS ♡

_____
_____
_____
_____
_____

AFFIRMATIONS

1 _____
2 _____
3 _____

THURSDAY

GRATITUDE

-
-
-

PRAYERS + INTENTIONS ♡

_____
_____
_____
_____
_____

AFFIRMATIONS

1 _____
2 _____
3 _____

FRIDAY

G R A T I T U D E

-
-
-

PRAYERS + INTENTIONS ♡

_____
_____
_____
_____
_____

AFFIRMATIONS

1 _____
2 _____
3 _____

SATURDAY

G R A T I T U D E

-
-
-

PRAYERS + INTENTIONS ♡

_____
_____
_____
_____
_____

AFFIRMATIONS

1 _____
2 _____
3 _____

SUNDAY

G R A T I T U D E

-
-
-

PRAYERS + INTENTIONS ♡

_____
_____
_____
_____
_____

AFFIRMATIONS

1 _____
2 _____
3 _____

Notes

Week of _____

MONDAY

TOP 3

-
-
-

MY DAY

☼

☀

☾

TUESDAY

TOP 3

-
-
-

MY DAY

☼

☀

☾

WEDNESDAY

TOP 3

-
-
-

MY DAY

☼

☀

☾

THURSDAY

TOP 3

-
-
-

MY DAY

FRIDAY

TOP 3

-
-
-

MY DAY

SATURDAY

MY DAY

SUNDAY

MY DAY

MONDAY

GRATITUDE

-
-
-

PRAYERS + INTENTIONS ♡

_____
_____
_____
_____
_____

AFFIRMATIONS

1 _____
2 _____
3 _____

TUESDAY

GRATITUDE

-
-
-

PRAYERS + INTENTIONS ♡

_____
_____
_____
_____
_____

AFFIRMATIONS

1 _____
2 _____
3 _____

WEDNESDAY

GRATITUDE

-
-
-

PRAYERS + INTENTIONS ♡

_____
_____
_____
_____
_____

AFFIRMATIONS

1 _____
2 _____
3 _____

THURSDAY

GRATITUDE

-
-
-

PRAYERS + INTENTIONS ♡

_____
_____
_____
_____
_____

AFFIRMATIONS

1 _____
2 _____
3 _____

FRIDAY

GRATITUDE

-
-
-

PRAYERS + INTENTIONS ♡

_____
_____
_____
_____
_____

AFFIRMATIONS

1 _____
2 _____
3 _____

SATURDAY

GRATITUDE

-
-
-

PRAYERS + INTENTIONS ♡

_____
_____
_____
_____
_____

AFFIRMATIONS

1 _____
2 _____
3 _____

SUNDAY

GRATITUDE

-
-
-

PRAYERS + INTENTIONS ♡

_____
_____
_____
_____

AFFIRMATIONS

1 _____
2 _____
3 _____

Notes

Week of _____

MONDAY

TOP 3	MY DAY
•	☀
•	
•	☀

☾

TUESDAY

TOP 3	MY DAY
•	☀
•	
•	☀

☾

WEDNESDAY

TOP 3	MY DAY
•	☀
•	
•	☀

☾

THURSDAY

TOP 3

-
-
-

MY DAY

☀️

☀️

🌙

FRIDAY

TOP 3

-
-
-

MY DAY

☀️

☀️

🌙

SATURDAY

MY DAY

☀️

☀️

🌙

SUNDAY

MY DAY

☀️

☀️

🌙

MONDAY

GRATITUDE

-
-
-

PRAYERS + INTENTIONS ♡

_____
_____
_____
_____
_____

AFFIRMATIONS

1 _____
2 _____
3 _____

TUESDAY

GRATITUDE

-
-
-

PRAYERS + INTENTIONS ♡

_____
_____
_____
_____
_____

AFFIRMATIONS

1 _____
2 _____
3 _____

WEDNESDAY

GRATITUDE

-
-
-

PRAYERS + INTENTIONS ♡

_____
_____
_____
_____
_____

AFFIRMATIONS

1 _____
2 _____
3 _____

THURSDAY

GRATITUDE

-
-
-

PRAYERS + INTENTIONS ♡

_____
_____
_____
_____
_____

AFFIRMATIONS

1 _____
2 _____
3 _____

FRIDAY

GRATITUDE

-
-
-

PRAYERS + INTENTIONS ♡

_____
_____
_____
_____
_____

AFFIRMATIONS

1 _____
2 _____
3 _____

SATURDAY

GRATITUDE

-
-
-

PRAYERS + INTENTIONS ♡

_____
_____
_____
_____
_____

AFFIRMATIONS

1 _____
2 _____
3 _____

SUNDAY

GRATITUDE

-
-
-

PRAYERS + INTENTIONS ♡

_____
_____
_____
_____
_____

AFFIRMATIONS

1 _____
2 _____
3 _____

Notes

Week of _____

MONDAY

TOP 3	MY DAY
•	☼
•	
•	☀

☾

TUESDAY

TOP 3	MY DAY
•	☼
•	
•	☀

☾

WEDNESDAY

TOP 3	MY DAY
•	☼
•	
•	☀

☾

THURSDAY

	MY DAY
TOP 3 • • •	☀️
	☀️

🌙

FRIDAY

	MY DAY
TOP 3 • • •	☀️
	☀️

🌙

SATURDAY

MY DAY

☀️

☀️

🌙

SUNDAY

MY DAY

☀️

☀️

🌙

MONDAY

GRATITUDE

-
-
-

PRAYERS + INTENTIONS ♡

_____

_____

_____

_____

_____

AFFIRMATIONS

1 _____

2 _____

3 _____

TUESDAY

GRATITUDE

-
-
-

PRAYERS + INTENTIONS ♡

_____

_____

_____

_____

_____

AFFIRMATIONS

1 _____

2 _____

3 _____

WEDNESDAY

GRATITUDE

-
-
-

PRAYERS + INTENTIONS ♡

_____

_____

_____

_____

_____

AFFIRMATIONS

1 _____

2 _____

3 _____

THURSDAY

GRATITUDE

-
-
-

PRAYERS + INTENTIONS ♡

_____

_____

_____

_____

_____

AFFIRMATIONS

1 _____

2 _____

3 _____

FRIDAY

GRATITUDE

-
-
-

PRAYERS + INTENTIONS ♡

_____
_____
_____
_____
_____

AFFIRMATIONS

1 _____
2 _____
3 _____

SATURDAY

GRATITUDE

-
-
-

PRAYERS + INTENTIONS ♡

_____
_____
_____
_____
_____

AFFIRMATIONS

1 _____
2 _____
3 _____

SUNDAY

GRATITUDE

-
-
-

PRAYERS + INTENTIONS ♡

_____
_____
_____
_____
_____

AFFIRMATIONS

1 _____
2 _____
3 _____

Notes

Week of _____

MONDAY

TOP 3

-
-
-

MY DAY

☼ _____

☼ _____

☾ _____

TUESDAY

TOP 3

-
-
-

MY DAY

☼ _____

☼ _____

☾ _____

WEDNESDAY

TOP 3

-
-
-

MY DAY

☼ _____

☼ _____

☾ _____

THURSDAY

TOP 3

-
-
-

MY DAY

FRIDAY

TOP 3

-
-
-

MY DAY

SATURDAY

MY DAY

SUNDAY

MY DAY

MONDAY

GRATITUDE

-
-
-

PRAYERS + INTENTIONS ♡

_____
_____
_____
_____
_____

AFFIRMATIONS

1 _____
2 _____
3 _____

TUESDAY

GRATITUDE

-
-
-

PRAYERS + INTENTIONS ♡

_____
_____
_____
_____
_____

AFFIRMATIONS

1 _____
2 _____
3 _____

WEDNESDAY

GRATITUDE

-
-
-

PRAYERS + INTENTIONS ♡

_____
_____
_____
_____
_____

AFFIRMATIONS

1 _____
2 _____
3 _____

THURSDAY

GRATITUDE

-
-
-

PRAYERS + INTENTIONS ♡

_____
_____
_____
_____
_____

AFFIRMATIONS

1 _____
2 _____
3 _____

FRIDAY

G R A T I T U D E

-
-
-

PRAYERS + INTENTIONS ♡

_____
_____
_____
_____
_____

AFFIRMATIONS

1 _____
2 _____
3 _____

SATURDAY

G R A T I T U D E

-
-
-

PRAYERS + INTENTIONS ♡

_____
_____
_____
_____
_____

AFFIRMATIONS

1 _____
2 _____
3 _____

SUNDAY

G R A T I T U D E

-
-
-

PRAYERS + INTENTIONS ♡

_____
_____
_____
_____

AFFIRMATIONS

1 _____
2 _____
3 _____

Notes

Week of _____

MONDAY

TOP 3

-
-
-

MY DAY

☀ _____

☀ _____

☾ _____

TUESDAY

TOP 3

-
-
-

MY DAY

☀ _____

☀ _____

☾ _____

WEDNESDAY

TOP 3

-
-
-

MY DAY

☀ _____

☀ _____

☾ _____

THURSDAY

TOP 3

-
-
-

MY DAY

☀️

☀️

🌙

FRIDAY

TOP 3

-
-
-

MY DAY

☀️

☀️

🌙

SATURDAY

MY DAY

☀️

☀️

🌙

SUNDAY

MY DAY

☀️

☀️

🌙

MONDAY

GRATITUDE

-
-
-

PRAYERS + INTENTIONS ♡

_____
_____
_____
_____
_____

AFFIRMATIONS

1 _____
2 _____
3 _____

TUESDAY

GRATITUDE

-
-
-

PRAYERS + INTENTIONS ♡

_____
_____
_____
_____
_____

AFFIRMATIONS

1 _____
2 _____
3 _____

WEDNESDAY

GRATITUDE

-
-
-

PRAYERS + INTENTIONS ♡

_____
_____
_____
_____
_____

AFFIRMATIONS

1 _____
2 _____
3 _____

THURSDAY

GRATITUDE

-
-
-

PRAYERS + INTENTIONS ♡

_____
_____
_____
_____
_____

AFFIRMATIONS

1 _____
2 _____
3 _____

FRIDAY

GRATITUDE

-
-
-

PRAYERS + INTENTIONS ♡

_____
_____
_____
_____
_____

AFFIRMATIONS

1 _____
2 _____
3 _____

SATURDAY

GRATITUDE

-
-
-

PRAYERS + INTENTIONS ♡

_____
_____
_____
_____
_____

AFFIRMATIONS

1 _____
2 _____
3 _____

SUNDAY

GRATITUDE

-
-
-

PRAYERS + INTENTIONS ♡

_____
_____
_____
_____
_____

AFFIRMATIONS

1 _____
2 _____
3 _____

Notes

Week of _____

MONDAY

TOP 3

-
-
-

MY DAY

☼

☀

☾

TUESDAY

TOP 3

-
-
-

MY DAY

☼

☀

☾

WEDNESDAY

TOP 3

-
-
-

MY DAY

☼

☀

☾

THURSDAY

TOP 3

-
-
-

MY DAY

☀ (sunrise)

☀ (sun)

☾ (moon)

FRIDAY

TOP 3

-
-
-

MY DAY

☀ (sunrise)

☀ (sun)

☾ (moon)

SATURDAY

MY DAY

☀ (sunrise)

☀ (sun)

☾ (moon)

SUNDAY

MY DAY

☀ (sunrise)

☀ (sun)

☾ (moon)

MONDAY

GRATITUDE

-
-
-

PRAYERS + INTENTIONS ♡

_____
_____
_____
_____
_____

AFFIRMATIONS

1 _____
2 _____
3 _____

TUESDAY

GRATITUDE

-
-
-

PRAYERS + INTENTIONS ♡

_____
_____
_____
_____
_____

AFFIRMATIONS

1 _____
2 _____
3 _____

WEDNESDAY

GRATITUDE

-
-
-

PRAYERS + INTENTIONS ♡

_____
_____
_____
_____
_____

AFFIRMATIONS

1 _____
2 _____
3 _____

THURSDAY

GRATITUDE

-
-
-

PRAYERS + INTENTIONS ♡

_____
_____
_____
_____
_____

AFFIRMATIONS

1 _____
2 _____
3 _____

FRIDAY

GRATITUDE

-
-
-

PRAYERS + INTENTIONS ♡

_____
_____
_____
_____
_____

AFFIRMATIONS

1 _____
2 _____
3 _____

SATURDAY

GRATITUDE

-
-
-

PRAYERS + INTENTIONS ♡

_____
_____
_____
_____
_____

AFFIRMATIONS

1 _____
2 _____
3 _____

SUNDAY

GRATITUDE

-
-
-

PRAYERS + INTENTIONS ♡

_____
_____
_____
_____
_____

AFFIRMATIONS

1 _____
2 _____
3 _____

Notes

Week of _____

MONDAY

TOP 3
-
-
-

MY DAY

☀ _____

☀ _____

🌙

TUESDAY

TOP 3
-
-
-

MY DAY

☀ _____

☀ _____

🌙

WEDNESDAY

TOP 3
-
-
-

MY DAY

☀ _____

☀ _____

🌙

THURSDAY

TOP 3

-
-
-

MY DAY

☼

☼

☾

FRIDAY

TOP 3

-
-
-

MY DAY

☼

☼

☾

SATURDAY

MY DAY

☼

☼

☾

SUNDAY

MY DAY

☼

☼

☾

MONDAY

GRATITUDE

-
-
-

PRAYERS + INTENTIONS ♡

_____
_____
_____
_____
_____

AFFIRMATIONS

1 _____
2 _____
3 _____

TUESDAY

GRATITUDE

-
-
-

PRAYERS + INTENTIONS ♡

_____
_____
_____
_____
_____

AFFIRMATIONS

1 _____
2 _____
3 _____

WEDNESDAY

GRATITUDE

-
-
-

PRAYERS + INTENTIONS ♡

_____
_____
_____
_____
_____

AFFIRMATIONS

1 _____
2 _____
3 _____

THURSDAY

GRATITUDE

-
-
-

PRAYERS + INTENTIONS ♡

_____
_____
_____
_____
_____

AFFIRMATIONS

1 _____
2 _____
3 _____

FRIDAY

GRATITUDE

-
-
-

PRAYERS + INTENTIONS ♡

_____
_____
_____
_____
_____

AFFIRMATIONS

1 _____
2 _____
3 _____

SATURDAY

GRATITUDE

-
-
-

PRAYERS + INTENTIONS ♡

_____
_____
_____
_____
_____

AFFIRMATIONS

1 _____
2 _____
3 _____

SUNDAY

GRATITUDE

-
-
-

PRAYERS + INTENTIONS ♡

_____
_____
_____
_____
_____

AFFIRMATIONS

1 _____
2 _____
3 _____

Notes

Week of _____

MONDAY

```
TOP 3
•
•
•
```

MY DAY

☀ (sunrise) _____

☀ (sun) _____

☾ (moon) _____

TUESDAY

```
TOP 3
•
•
•
```

MY DAY

☀ (sunrise) _____

☀ (sun) _____

☾ (moon) _____

WEDNESDAY

```
TOP 3
•
•
•
```

MY DAY

☀ (sunrise) _____

☀ (sun) _____

☾ (moon) _____

THURSDAY

TOP 3

-
-
-

MY DAY

☀ (sunrise)

☀ (sun)

☾ (moon)

FRIDAY

TOP 3

-
-
-

MY DAY

☀ (sunrise)

☀ (sun)

☾ (moon)

SATURDAY

MY DAY

☀ (sunrise)

☀ (sun)

☾ (moon)

SUNDAY

MY DAY

☀ (sunrise)

☀ (sun)

☾ (moon)

MONDAY

GRATITUDE

-
-
-

PRAYERS + INTENTIONS ♡

_____
_____
_____
_____
_____

AFFIRMATIONS

1 _____
2 _____
3 _____

TUESDAY

GRATITUDE

-
-
-

PRAYERS + INTENTIONS ♡

_____
_____
_____
_____
_____

AFFIRMATIONS

1 _____
2 _____
3 _____

WEDNESDAY

GRATITUDE

-
-
-

PRAYERS + INTENTIONS ♡

_____
_____
_____
_____
_____

AFFIRMATIONS

1 _____
2 _____
3 _____

THURSDAY

GRATITUDE

-
-
-

PRAYERS + INTENTIONS ♡

_____
_____
_____
_____
_____

AFFIRMATIONS

1 _____
2 _____
3 _____

FRIDAY

G R A T I T U D E

-
-
-

PRAYERS + INTENTIONS ♡

_____
_____
_____
_____
_____

AFFIRMATIONS

1 _____
2 _____
3 _____

SATURDAY

G R A T I T U D E

-
-
-

PRAYERS + INTENTIONS ♡

_____
_____
_____
_____
_____

AFFIRMATIONS

1 _____
2 _____
3 _____

SUNDAY

G R A T I T U D E

-
-
-

PRAYERS + INTENTIONS ♡

_____
_____
_____
_____
_____

AFFIRMATIONS

1 _____
2 _____
3 _____

Notes

Week of _____

MONDAY

TOP 3	MY DAY
•	☀
•	
•	☀
	☾

TUESDAY

TOP 3	MY DAY
•	☀
•	
•	☀
	☾

WEDNESDAY

TOP 3	MY DAY
•	☀
•	
•	☀
	☾

THURSDAY

TOP 3

-
-
-

MY DAY

☀️

☀️

🌙

FRIDAY

TOP 3

-
-
-

MY DAY

☀️

☀️

🌙

SATURDAY

MY DAY

☀️

☀️

🌙

SUNDAY

MY DAY

☀️

☀️

🌙

MONDAY

GRATITUDE

-
-
-

PRAYERS + INTENTIONS ♡

_____
_____
_____
_____
_____

AFFIRMATIONS

1 _____
2 _____
3 _____

TUESDAY

GRATITUDE

-
-
-

PRAYERS + INTENTIONS ♡

_____
_____
_____
_____
_____

AFFIRMATIONS

1 _____
2 _____
3 _____

WEDNESDAY

GRATITUDE

-
-
-

PRAYERS + INTENTIONS ♡

_____
_____
_____
_____
_____

AFFIRMATIONS

1 _____
2 _____
3 _____

THURSDAY

GRATITUDE

-
-
-

PRAYERS + INTENTIONS ♡

_____
_____
_____
_____
_____

AFFIRMATIONS

1 _____
2 _____
3 _____

FRIDAY

G R A T I T U D E

-
-
-

PRAYERS + INTENTIONS ♡

_____
_____
_____
_____
_____

AFFIRMATIONS

1 _____
2 _____
3 _____

SATURDAY

G R A T I T U D E

-
-
-

PRAYERS + INTENTIONS ♡

_____
_____
_____
_____
_____

AFFIRMATIONS

1 _____
2 _____
3 _____

SUNDAY

G R A T I T U D E

-
-
-

PRAYERS + INTENTIONS ♡

_____
_____
_____
_____
_____

AFFIRMATIONS

1 _____
2 _____
3 _____

Notes

Week of _____

MONDAY

TOP 3	MY DAY
•	☀
•	
•	☀
	☾

TUESDAY

TOP 3	MY DAY
•	☀
•	
•	☀
	☾

WEDNESDAY

TOP 3	MY DAY
•	☀
•	
•	☀
	☾

THURSDAY

TOP 3

-
-
-

MY DAY

☀

☀

☾

FRIDAY

TOP 3

-
-
-

MY DAY

☀

☀

☾

SATURDAY

MY DAY

☀

☀

☾

SUNDAY

MY DAY

☀

☀

☾

MONDAY

GRATITUDE

-
-
-

PRAYERS + INTENTIONS ♡

_____
_____
_____
_____
_____

AFFIRMATIONS

1 _____
2 _____
3 _____

TUESDAY

GRATITUDE

-
-
-

PRAYERS + INTENTIONS ♡

_____
_____
_____
_____
_____

AFFIRMATIONS

1 _____
2 _____
3 _____

WEDNESDAY

GRATITUDE

-
-
-

PRAYERS + INTENTIONS ♡

_____
_____
_____
_____
_____

AFFIRMATIONS

1 _____
2 _____
3 _____

THURSDAY

GRATITUDE

-
-
-

PRAYERS + INTENTIONS ♡

_____
_____
_____
_____
_____

AFFIRMATIONS

1 _____
2 _____
3 _____

FRIDAY

GRATITUDE

-
-
-

PRAYERS + INTENTIONS ♡

_____
_____
_____
_____
_____
_____

AFFIRMATIONS

1 _____
2 _____
3 _____

SATURDAY

GRATITUDE

-
-
-

PRAYERS + INTENTIONS ♡

_____
_____
_____
_____
_____
_____

AFFIRMATIONS

1 _____
2 _____
3 _____

SUNDAY

GRATITUDE

-
-
-

PRAYERS + INTENTIONS ♡

_____
_____
_____
_____
_____

AFFIRMATIONS

1 _____
2 _____
3 _____

Notes

Week of _____

MONDAY

TOP 3
-
-
-

MY DAY

☀️ _____
_____

☀️ _____
_____

🌙 _____

TUESDAY

TOP 3
-
-
-

MY DAY

☀️ _____
_____

☀️ _____
_____

🌙 _____

WEDNESDAY

TOP 3
-
-
-

MY DAY

☀️ _____
_____

☀️ _____
_____

🌙 _____

THURSDAY

TOP 3

-
-
-

MY DAY

☀️

☀️

🌙

FRIDAY

TOP 3

-
-
-

MY DAY

☀️

☀️

🌙

SATURDAY

MY DAY

☀️

☀️

🌙

SUNDAY

MY DAY

☀️

☀️

🌙

MONDAY

GRATITUDE

-
-
-

PRAYERS + INTENTIONS ♡

_____
_____
_____
_____
_____

AFFIRMATIONS

1 _____
2 _____
3 _____

TUESDAY

GRATITUDE

-
-
-

PRAYERS + INTENTIONS ♡

_____
_____
_____
_____
_____

AFFIRMATIONS

1 _____
2 _____
3 _____

WEDNESDAY

GRATITUDE

-
-
-

PRAYERS + INTENTIONS ♡

_____
_____
_____
_____
_____

AFFIRMATIONS

1 _____
2 _____
3 _____

THURSDAY

GRATITUDE

-
-
-

PRAYERS + INTENTIONS ♡

_____
_____
_____
_____
_____

AFFIRMATIONS

1 _____
2 _____
3 _____

FRIDAY

GRATITUDE

-
-
-

PRAYERS + INTENTIONS ♡

_____
_____
_____
_____
_____

AFFIRMATIONS

1 _____
2 _____
3 _____

SATURDAY

GRATITUDE

-
-
-

PRAYERS + INTENTIONS ♡

_____
_____
_____
_____
_____

AFFIRMATIONS

1 _____
2 _____
3 _____

SUNDAY

GRATITUDE

-
-
-

PRAYERS + INTENTIONS ♡

_____
_____
_____
_____
_____

AFFIRMATIONS

1 _____
2 _____
3 _____

Notes

Week of _____

MONDAY

TOP 3
-
-
-

MY DAY

☼ _____

☀ _____

☾ _____

TUESDAY

TOP 3
-
-
-

MY DAY

☼ _____

☀ _____

☾ _____

WEDNESDAY

TOP 3
-
-
-

MY DAY

☼ _____

☀ _____

☾ _____

THURSDAY

TOP 3

-
-
-

MY DAY

FRIDAY

TOP 3

-
-
-

MY DAY

SATURDAY

MY DAY

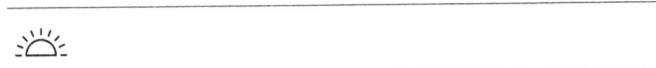

SUNDAY

MY DAY

MONDAY

GRATITUDE

-
-
-

PRAYERS + INTENTIONS ♡

_____
_____
_____
_____
_____

AFFIRMATIONS

1 _____
2 _____
3 _____

TUESDAY

GRATITUDE

-
-
-

PRAYERS + INTENTIONS ♡

_____
_____
_____
_____
_____

AFFIRMATIONS

1 _____
2 _____
3 _____

WEDNESDAY

GRATITUDE

-
-
-

PRAYERS + INTENTIONS ♡

_____
_____
_____
_____
_____

AFFIRMATIONS

1 _____
2 _____
3 _____

THURSDAY

GRATITUDE

-
-
-

PRAYERS + INTENTIONS ♡

_____
_____
_____
_____
_____

AFFIRMATIONS

1 _____
2 _____
3 _____

FRIDAY

G R A T I T U D E

-
-
-

PRAYERS + INTENTIONS ♡

_____
_____
_____
_____
_____

AFFIRMATIONS

1 _____
2 _____
3 _____

SATURDAY

G R A T I T U D E

-
-
-

PRAYERS + INTENTIONS ♡

_____
_____
_____
_____
_____

AFFIRMATIONS

1 _____
2 _____
3 _____

SUNDAY

G R A T I T U D E

-
-
-

PRAYERS + INTENTIONS ♡

_____
_____
_____
_____
_____

AFFIRMATIONS

1 _____
2 _____
3 _____

Notes

Week of _____

MONDAY

TOP 3

-
-
-

MY DAY

☀ _____
_____

☀ _____
_____

☾ _____
_____

TUESDAY

TOP 3

-
-
-

MY DAY

☀ _____
_____

☀ _____
_____

☾ _____
_____

WEDNESDAY

TOP 3

-
-
-

MY DAY

☀ _____
_____

☀ _____
_____

☾ _____
_____

THURSDAY

TOP 3

-
-
-

MY DAY

FRIDAY

TOP 3

-
-
-

MY DAY

SATURDAY

MY DAY

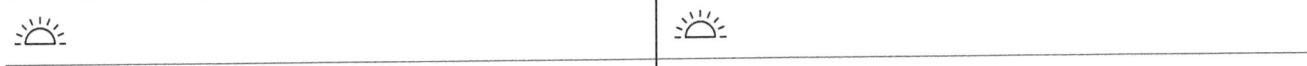

SUNDAY

MY DAY

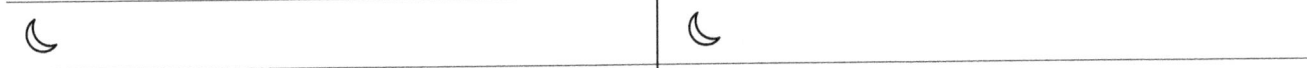

MONDAY

G R A T I T U D E

-
-
-

PRAYERS + INTENTIONS ♡

_____

_____

_____

_____

_____

AFFIRMATIONS

1 _____

2 _____

3 _____

TUESDAY

G R A T I T U D E

-
-
-

PRAYERS + INTENTIONS ♡

_____

_____

_____

_____

_____

AFFIRMATIONS

1 _____

2 _____

3 _____

WEDNESDAY

G R A T I T U D E

-
-
-

PRAYERS + INTENTIONS ♡

_____

_____

_____

_____

_____

AFFIRMATIONS

1 _____

2 _____

3 _____

THURSDAY

G R A T I T U D E

-
-
-

PRAYERS + INTENTIONS ♡

_____

_____

_____

_____

_____

AFFIRMATIONS

1 _____

2 _____

3 _____

FRIDAY

GRATITUDE

-
-
-

PRAYERS + INTENTIONS ♡

_____
_____
_____
_____
_____

AFFIRMATIONS

1 _____
2 _____
3 _____

SATURDAY

GRATITUDE

-
-
-

PRAYERS + INTENTIONS ♡

_____
_____
_____
_____

AFFIRMATIONS

1 _____
2 _____
3 _____

SUNDAY

GRATITUDE

-
-
-

PRAYERS + INTENTIONS ♡

_____
_____
_____

AFFIRMATIONS

1 _____
2 _____
3 _____

Notes

Week of _____

MONDAY

TOP 3

-
-
-

MY DAY

☀ _____

☀ _____

☾

TUESDAY

TOP 3

-
-
-

MY DAY

☀ _____

☀ _____

☾

WEDNESDAY

TOP 3

-
-
-

MY DAY

☀ _____

☀ _____

☾

THURSDAY

TOP 3

-
-
-

MY DAY

☀

☀

☾

FRIDAY

TOP 3

-
-
-

MY DAY

☀

☀

☾

SATURDAY

MY DAY

☀

☀

☾

SUNDAY

MY DAY

☀

☀

☾

MONDAY

G R A T I T U D E

-
-
-

PRAYERS + INTENTIONS ♡

_____
_____
_____
_____
_____

AFFIRMATIONS

1 _____
2 _____
3 _____

TUESDAY

G R A T I T U D E

-
-
-

PRAYERS + INTENTIONS ♡

_____
_____
_____
_____
_____

AFFIRMATIONS

1 _____
2 _____
3 _____

WEDNESDAY

G R A T I T U D E

-
-
-

PRAYERS + INTENTIONS ♡

_____
_____
_____
_____
_____

AFFIRMATIONS

1 _____
2 _____
3 _____

THURSDAY

G R A T I T U D E

-
-
-

PRAYERS + INTENTIONS ♡

_____
_____
_____
_____
_____

AFFIRMATIONS

1 _____
2 _____
3 _____

FRIDAY

GRATITUDE

-
-
-

PRAYERS + INTENTIONS ♡

_____

_____

_____

_____

_____

AFFIRMATIONS

1 _____

2 _____

3 _____

SATURDAY

GRATITUDE

-
-
-

PRAYERS + INTENTIONS ♡

_____

_____

_____

_____

_____

AFFIRMATIONS

1 _____

2 _____

3 _____

SUNDAY

GRATITUDE

-
-
-

PRAYERS + INTENTIONS ♡

_____

_____

_____

_____

_____

AFFIRMATIONS

1 _____

2 _____

3 _____

Notes

www.ingramcontent.com/pod-product-compliance
Lightning Source LLC
Chambersburg PA
CBHW080358030426
42334CB00024B/2913